Cukiernicze Artyzmy

Książka O Sztuce Tworzenia Wyjątkowych Ciast i Tortów

Agnieszka Słodko

Spis treści

Ciasto z musem truskawkowym 12
Dziennik świąteczny 14
Ciasto Wielkanocne Bonnet 16
Wielkanocne ciasto Simnel 17
Ciasto Dwunastej Nocy 19
Szarlotka z mikrofali 20
Ciasto jabłkowe z mikrofali 21
Ciasto z jabłkami i orzechami z mikrofali 22
Ciasto marchewkowe z mikrofali 23
Ciasto marchewkowe, ananasowo-orzechowe z mikrofali 24
Przyprawione ciastka z otrębów w kuchence mikrofalowej 26
Sernik z bananami i marakujami do mikrofalówki 27
Sernik pomarańczowy pieczony w kuchence mikrofalowej 28
Sernik ananasowy z mikrofali 29
Chleb wiśniowo-orzechowy z mikrofali 30
Ciasto czekoladowe z mikrofali 31
Ciasto czekoladowe z migdałami do mikrofalówki 32
Podwójne czekoladowe ciasteczka z mikrofali 34
Czekoladowe batoniki daktylowe do mikrofalówki 35
Kwadraty czekoladowe do mikrofalówki 36
Szybkie ciasto kawowe z mikrofali 38
Świąteczne ciasto z mikrofali 39
Kruche ciasto z mikrofali 41

Batony daktylowe do mikrofalówki 42

Chleb figowy z mikrofali 43

Naleśniki z mikrofali 44

Ciasto owocowe z mikrofali 45

Kwadraty z owocami i kokosem do mikrofalówki 46

Ciasto Krówkowe z Mikrofalówki 47

Piernik z mikrofali 48

Batoniki imbirowe z mikrofali 49

Złote ciasto z mikrofali 50

Ciasto z miodem i orzechami laskowymi z mikrofali 51

Żujące batoniki musli do podgrzewania w kuchence mikrofalowej 52

Ciasto orzechowe z mikrofali 53

Ciasto z sokiem pomarańczowym do mikrofalówki 54

Kuchenka mikrofalowa Pavlova 56

ciasto z mikrofali 57

Ciastko truskawkowe z mikrofali 58

Ciasto z mikrofali 59

Batony mikrofalowe Sultana 60

Czekoladowe ciasteczka do mikrofalówki 61

Ciasteczka kokosowe do mikrofalówki 62

Florentynki z mikrofali 63

Ciasteczka orzechowe i wiśniowe do mikrofalówki 64

Ciasteczka mikrofalowe Sultana 65

Chleb bananowy z mikrofali 66

Chleb serowy z mikrofali 67

Chleb orzechowy z mikrofali 68

Ciasto Amaretti bez piekarnika 69

Chrupiące amerykańskie batoniki ryżowe 70

Kwadraty morelowe 71

Morelowe ciasto szwajcarskie 72

Połamane Ciasteczka 73

Ciasto maślane bez pieczenia 74

plasterek kasztana 75

Ciasto Kasztanowe 76

Batony czekoladowe i migdałowe 78

Chrupiące ciasto czekoladowe 79

Kwadraty z kawałkami czekolady 80

Ciasto Czekoladowe z lodówki 81

Ciasto czekoladowo-owocowe 82

Kwadraty z czekoladą i imbirem 83

Luksusowe kwadraty z czekoladą i imbirem 84

Ciasteczka Czekoladowe Miodowe 85

Piętrowe ciasto czekoladowe 86

Dobre batony czekoladowe 87

Czekoladowe Praliny Kwadraty 88

Chrupki kokosowe 89

Chrupiące batony 90

Chrupiący kokos i rodzynki 91

Kawa z kwadratami mleka 92

Ciasto owocowe bez pieczenia 93

Owocowe Kwadraty 94

Chrupki owocowe i błonnikowe 95

Ciasto nugatowe 96

Kwadraty mleka i gałki muszkatołowej 97

Chrupiące musli	99
Kwadraty z musem pomarańczowym	100
Kwadraty Orzechowe	101
Miętowe Ciasteczka Karmelowe	102
Wafle ryżowe	103
Tofette z ryżem i czekoladą	104
pasta migdałowa	105
Pasta migdałowa bez cukru	106
lukier królewski	107
glazura bez cukru	108
lukier kremowy	109
glazura maślana	110
Lukier Masło Czekoladowy	111
Lukier z masła z białej czekolady	112
Lukier z masłem kawowym	113
Glazura z masłem cytrynowym	114
Lukier z masłem pomarańczowym	115
Lukier sernikowy	116
pomarańczowa glazura	117
Dodatek likieru pomarańczowego	118
oszklony	119
Glazurowana polewa kawowa	119
glazura cytrynowa	120
Pomarańczowa glazura	120
Relacja Rona Glacé	121
lukier waniliowy	121
Gotowana polewka czekoladowa	122

Posypka czekoladowo-kokosowa	122
Nadzienie krówkowe	124
Nadzienie ze słodkiego serka śmietankowego	124
Amerykański aksamitny lukier	125
glazura maślana	125
Lukier Karmelowy	126
glazura cytrynowa	126
Lukier Kawowy Maślany	127
Lukier Lady Baltimore	128
biały lukier	129
Kremowo-biały lukier	129
Puszysty biały lukier	130
Glazura z brązowego cukru	131
posypka waniliowa	132
Krem waniliowy	133
nadzienie kremowe do ciasta	134
Duńskie nadzienie kremowe	135
Bogate duńskie nadzienie kremowe	136
Krem budyniowy	137
Nadzienie kremowe imbirowe	138
nadzienie cytrynowe	139
polewą czekoladową	140
lukier do ciast owocowych	141
Lukier do ciasta pomarańczowego i owocowego	141
Kwadraty bezowe migdałowe	142
anioł spada	143
Płatki migdałowe	144

Pieczone tartaletki 145

Czekoladowe Ciasta Motylowe 146

Ciasta Kokosowe 147

słodkie muffinki 148

Ciasta kawowe 149

Ciasta Eccles 150

muffinka 151

Mrożone Ciasteczka Wróżek z Piór 152

Genueńskie fantazje 153

migdałowe makaroniki 154

Coconut Macaroons 155

makaron limonkowy 156

makaron owsiany 157

muffinka 158

Ciasta Marcepanowe 159

muffinka 160

Babeczki jabłkowe 161

Babeczki bananowe 162

Muffinki z czarną porzeczką 163

Muffinki z jagodami amerykańskimi 164

Muffinki Wiśniowe 165

babeczki czekoladowe 166

Muffiny z kawałkami czekolady 167

Babeczki Cynamonowe 168

Muffinki kukurydziane 169

Pełnoziarniste muffiny figowe 170

Muffinki z owocami i otrębami 171

Muffinki owsiane 172

Muffinki owsiane i owocowe 173

Babeczki Pomarańczowe 174

Brzoskwiniowe muffiny 175

Muffinki z masłem orzechowym 176

Muffinki Ananasowe 177

Muffinki Malinowe 178

Muffinki malinowo-cytrynowe 179

Babeczki Sułtańskie 180

Muffinki z melasą 181

Muffinki z melasą i płatkami owsianymi 182

tosty owsiane 183

Tortille z truskawkami 184

Ciasta Miętowe 185

Ciasta Rodzynkowe 186

Rodzynki loki 187

bułeczki malinowe 188

Ciasta z brązowego ryżu i słonecznika 189

Ciasto z suszonymi owocami 190

Ciasta Rockowe bez Cukru 191

Ciasta Szafranowe 192

Rona Babasa 193

ciasteczka biszkoptowe 195

ciasteczka czekoladowe 196

letnie śnieżki 198

krople gąbki 199

Podstawowe Bezy 200

Bezy Migdałowe 201

Hiszpańskie Ciasteczka Bezowe Migdałowe 202

Śliczne koszyczki bezowe 203

Frytki Migdałowe 204

Bezy Hiszpańskie Migdałowo-Cytrynowe 205

Bezy w czekoladzie 206

Bezy czekoladowo-miętowe 207

Bezy z kawałkami czekolady i orzechami włoskimi 207

Bezy Orzechowe 208

Warstwowe ciasto bezowe z orzechami włoskimi 209

Plasterki makaronika z orzechami laskowymi 211

Warstwa bezowo-orzechowa 212

góry bezowe 214

Bezy Krem Malinowy 215

Ciasta Ratafii 216

cukierki Vacherin 217

proste bułeczki 218

Pyszne bułeczki jajeczne 219

bułeczki z jabłkami 220

Scones z jabłkami i kokosem 221

Scones z jabłkami i daktylami 222

bułeczki jęczmienne 223

bułeczki daktylowe 224

bułeczki ziołowe 225

Ciasto z musem truskawkowym

Na ciasto o średnicy 23 cm

Na ciasto:

100 g / 4 uncje / 1 szklanka mąki samorosnącej

100 g miękkiego masła lub margaryny

100 g/4 uncji/½ szklanki cukru pudru (bardzo drobnego)

2 jajka

Dla pianki:

15 ml/1 łyżka żelatyny w proszku

30ml/2 łyżki wody

450 g/1 funt truskawek

3 jajka, oddzielone

75 g/3 uncji/1/3 szklanki cukru pudru (bardzo drobnego)

5 ml/1 łyżeczka soku z cytryny

300 ml/½ porcji/1¼ filiżanki śmietanki kremowej (ciężkiej)

30 ml/2 łyżki płatków migdałowych (w plasterkach), lekko uprażonych

Ubij składniki ciasta, aż będą gładkie. Wlać do natłuszczonej i wyłożonej papierem formy o średnicy 23 cm i piec w nagrzanym piekarniku w temperaturze 190°C/375°F/gaz, stopień 5, przez 25 minut, aż ciasto będzie złocistobrązowe i twarde w dotyku. Wyjąć z formy i ostudzić.

Aby przygotować mus, wsyp żelatynę do wody w misce i pozostaw do puszystości. Pojemnik wstawić do garnka z gorącą wodą i pozostawić do rozpuszczenia. Lekko ostudzić. W międzyczasie zmiksuj 350 g truskawek, a następnie przetrzyj je przez sito (filtr), aby usunąć pestki. Ubij żółtka z cukrem, aż masa będzie jasna i gęsta, a mieszanina będzie przepływać przez trzepaczkę w postaci wstążek. Dodać puree, sok z cytryny i żelatynę. Śmietanę ubić na sztywną pianę, następnie dodać jej połowę do masy. Używając czystej trzepaczki i miski, ubij białka na sztywną pianę, a następnie dodaj je do masy.

Ciasto przekrój poziomo na pół i połóż połowę na dnie czystej tortownicy (tacki) wyłożonej folią. Pozostałe truskawki pokrój w plasterki i ułóż na biszkopcie, następnie polej kremem smakowym i na koniec drugą warstwą ciasta. Naciśnij bardzo delikatnie. Studzimy do momentu ustawienia.

Przed podaniem odwróć tartę na talerz i usuń folię spożywczą. Udekorować pozostałą śmietaną i udekorować migdałami.

Dziennik świąteczny

Zrób jeden

3 jajka

100 g/4 uncji/½ szklanki cukru pudru (bardzo drobnego)

100 g / 4 uncje / 1 szklanka mąki zwykłej (uniwersalnej)

50 g startej naturalnej czekolady (półsłodkiej)

15 ml/1 łyżka gorącej wody

Cukier puder (drobny) do posypania

Na glazurę (lukier):
6 uncji/175 g/¾ szklanki masła lub margaryny, miękkiej

350 g/12 uncji/2 szklanki przesianego cukru pudru

30 ml/2 łyżki ciepłej wody

30 ml/2 łyżki proszku kakaowego (niesłodzonej czekolady) Do dekoracji:

liście ostrokrzewu i rudzika (opcjonalnie)

Jajka ubić z cukrem w żaroodpornej misce ustawionej nad garnkiem z gotującą się wodą. Kontynuuj ubijanie, aż masa będzie sztywna i zacznie odchodzić od ubijaka wstążkami. Zdejmij z ognia i ubijaj, aż ostygnie. Dodać połowę mąki, następnie czekoladę, resztę mąki i dodać wodę. Wlać do natłuszczonej i wyłożonej papierem szwajcarskiej formy do bułek (formy na galaretkę) i piec w nagrzanym piekarniku w temperaturze 220°C/425°F/gaz 7 przez około 10 minut, aż masa będzie twarda w dotyku. Posyp cukrem pudrem duży arkusz papieru do pieczenia (woskowanego). Wyjmij ciasto z formy na papier i odetnij brzegi. Przykryj drugą kartką papieru i zwiń luźno od krótszego brzegu.

Aby przygotować glazurę, utrzyj masło lub margarynę z cukrem pudrem, następnie dodaj wodę i kakao. Zimne ciasto rozwałkuj, zdejmij papier i posmaruj ciasto połową polewy. Zwiń go ponownie, a następnie przykryj pozostałym lukrem, nacinając widelcem tak, aby wyglądał jak kłoda. Na wierzch przesiej trochę cukru pudru i udekoruj według uznania.

Ciasto Wielkanocne Bonnet

Na ciasto o średnicy 20 cm

75 g/3 uncji/1/3 szklanki cukru muscovado

3 jajka

75 g/3 uncji/¾ szklanki mąki samorosnącej

15 ml/1 łyżka stołowa kakao (niesłodzonej czekolady) w proszku

15 ml/1 łyżka ciepłej wody

Do wypełnienia:

50 g miękkiego masła lub margaryny

75 g/3 uncji/½ szklanki przesianego cukru pudru

Dla pokrycia:

100 g/4 uncje/1 filiżanka naturalnej czekolady (półsłodkiej)

25 g/1 uncja/2 łyżki masła lub margaryny

Wstążka lub kwiaty cukrowe (opcjonalnie)

Jajka i cukier ubić w żaroodpornej misce ustawionej nad garnkiem z gotującą się wodą. Kontynuuj ubijanie, aż mieszanina będzie gęsta i kremowa. Odstaw na kilka minut, następnie zdejmij z ognia i ponownie ubijaj, aż po zdjęciu trzepaczki pozostanie ślad. Dodać mąkę i kakao, następnie dodać wodę. Masę wlać do natłuszczonej i wyłożonej papierem formy o średnicy 20 cm/8 oraz natłuszczonej i wyłożonej papierem formy o średnicy 15 cm/6. Piec w piekarniku nagrzanym do 200°C/400°F/stopień gazu 6 przez 15 do 20 minut, aż dobrze wyrośnie i będzie twarde w dotyku. Studzimy na kratce.

Aby przygotować nadzienie, utrzyj margarynę z cukrem pudrem. Użyj go, aby ułożyć mniejsze ciasto na większym.

Aby przygotować polewę, rozpuść czekoladę i masło lub margarynę w żaroodpornej misce ustawionej nad garnkiem z gotującą się wodą. Polewą polej ciasto i rozprowadź je nożem zamoczonym w gorącej wodzie tak, aby całkowicie je przykryło. Udekoruj brzegi wstążką lub cukrowymi kwiatami.

Wielkanocne ciasto Simnel

Na ciasto o średnicy 20 cm

8 uncji/225 g/1 szklanka miękkiego masła lub margaryny

225 g/8 uncji/1 filiżanka miękkiego brązowego cukru

otarta skórka z 1 cytryny

4 ubite jajka

225 g/8 uncji/2 szklanki mąki zwykłej (uniwersalnej)

5ml/1 łyżeczka proszku do pieczenia

2,5 ml/½ łyżeczki startej gałki muszkatołowej

50 g/2 uncje/½ szklanki mąki kukurydzianej (skrobi kukurydzianej)

100 g/4 uncji/2/3 szklanki sułtanek (złotych rodzynek)

100 g rodzynek

75 g porzeczek

100 g/4 uncji/½ szklanki glazurowanych wiśni (kandowanych), posiekanych

25 g/1 uncja/¼ szklanki mielonych migdałów

450 g/1 funt pasty migdałowej

30 ml/2 łyżki dżemu morelowego (konfitura)

1 białko, ubite

Masło lub margarynę utrzeć z cukrem i skórką cytrynową na jasną i puszystą masę. Stopniowo ubijaj jajka, następnie dodaj mąkę, proszek do pieczenia, gałkę muszkatołową i mąkę kukurydzianą. Dodaj owoce i migdały. Połowę masy przełóż do natłuszczonej i wyłożonej papierem tortownicy o głębokości 20 cm. Rozwałkuj połowę pasty migdałowej na okrąg wielkości ciasta i połóż na wierzchu mieszanki. Wypełnij pozostałą mieszanką i piecz w nagrzanym piekarniku w temperaturze 160°C/325°F/gaz, stopień 3, przez 2–2,5 godziny, aż ciasto będzie złociste. Pozostawić do ostygnięcia w formie. Po ostygnięciu wyjmij z formy i zawiń w papier do pieczenia (wosk). Jeśli to możliwe, przechowuj w szczelnym pojemniku do trzech tygodni, jeśli to możliwe, aby dojrzeć.

Na koniec posmaruj wierzch ciasta dżemem. Rozwałkuj trzy czwarte pozostałej pasty migdałowej na okrąg o średnicy 20 cm/8 cm, wygładź krawędzie i połóż na wierzchu ciasta. Z pozostałej pasty migdałowej uformuj 11 kulek (aby reprezentowały uczniów bez Judasza). Posmaruj wierzch ciasta roztrzepanym białkiem i ułóż kulki wokół krawędzi ciasta, a następnie posmaruj je białkiem. Umieścić na rozgrzanym grillu (brojler) na około minutę, aby lekko się zarumienił.

Ciasto Dwunastej Nocy

Na ciasto o średnicy 20 cm

8 uncji/225 g/1 szklanka miękkiego masła lub margaryny

225 g/8 uncji/1 filiżanka miękkiego brązowego cukru

4 ubite jajka

225 g/8 uncji/2 szklanki mąki zwykłej (uniwersalnej)

5 ml/1 łyżeczka mielonych przypraw (szarlotka)

175 g/6 uncji/1 szklanka sułtanek (złotych rodzynek)

100 g rodzynek

75 g porzeczek

50 g glazurowanych wiśni (kandyzowanych)

50 g/2 uncji/1/3 szklanki mieszanej posiekanej skórki (kandyzowanej)

30ml/2 łyżki mleka

12 świec do dekoracji

Masło lub margarynę utrzeć z cukrem, aż masa będzie jasna i puszysta. Stopniowo dodawaj jajka, następnie mąkę, wymieszane przyprawy, owoce i skórkę i mieszaj, aż składniki dobrze się połączą, w razie potrzeby dodając trochę mleka, aby uzyskać gładką masę. Wlać do natłuszczonej i wyłożonej papierem formy o średnicy 20 cm i piec w nagrzanym piekarniku w temperaturze 180°C/350°F/gaz, stopień 4, przez 2 godziny, aż wykałaczka wbita w środek będzie sucha. Wyjechać

Szarlotka z mikrofali

Daje jeden kwadrat o wymiarach 23 cm/9 cali

100 g miękkiego masła lub margaryny

100 g miękkiego brązowego cukru

30 ml/2 łyżki golden syropu (jasna kukurydza)

2 jajka, lekko ubite

225 g/8 uncji/2 filiżanek mąki samorosnącej

10 ml/2 łyżeczki mielonej mieszanki przypraw (szarlotka)

120 ml/4 uncji/½ szklanki mleka

2 jabłka do gotowania (tarta), obrane, wydrążone i pokrojone w cienkie plasterki

15 ml/1 łyżka cukru pudru (drobnego)

5 ml/1 łyżeczka mielonego cynamonu

Masło lub margarynę utrzeć z brązowym cukrem i syropem na jasną i puszystą masę. Stopniowo dodawaj jajka. Dodać mąkę i wymieszane przyprawy, następnie dodać mleko, aż masa będzie gładka. Dodaj jabłka. Przełóż łyżką do natłuszczonej, wyłożonej dnem formy pierścieniowej o średnicy 23 cm/9 cali, nadającej się do kuchenki mikrofalowej (tacka na tuby) i wstaw do mikrofalówki na średnim poziomie przez 12 minut, aż masa będzie twarda. Odstawić na 5 minut, następnie odwrócić do góry nogami i posypać cukrem pudrem i cynamonem.

Ciasto jabłkowe z mikrofali

Na ciasto o średnicy 20 cm

100 g miękkiego masła lub margaryny

175 g/6 uncji/¾ szklanki miękkiego brązowego cukru

1 jajko, lekko ubite

175 g/6 uncji/1 ½ szklanki mąki zwykłej (uniwersalnej)

2,5 ml/½ łyżeczki proszku do pieczenia

szczypta soli

2,5 ml/½ łyżeczki zmielonego ziela angielskiego

1,5 ml/¼ łyżeczki startej gałki muszkatołowej

1,5 ml/¼ łyżeczki zmielonych goździków

300 ml/½ pt/1¼ szklanki niesłodzonego musu jabłkowego (sos)

75 g rodzynek

Cukier puder (cukierniczy) do posypania

Masło lub margarynę utrzeć z brązowym cukrem na jasną i puszystą masę. Stopniowo dodajemy jajko, następnie mąkę, proszek do pieczenia, sól i przyprawy na zmianę z musem jabłkowym i rodzynkami. Wyłóż łyżką na natłuszczoną i oprószoną mąką kwadratową płytkę o średnicy 20 cm, którą można używać w kuchence mikrofalowej i wstaw do mikrofalówki na wysoką moc przez 12 minut. Studzimy na patelni, następnie kroimy w kwadraty i posypujemy cukrem pudrem.

Ciasto z jabłkami i orzechami z mikrofali

Na ciasto o średnicy 20 cm

6 uncji/175 g/¾ szklanki masła lub margaryny, miękkiej

100 g/4 uncji/½ szklanki cukru pudru (bardzo drobnego)

3 jajka, lekko ubite

30 ml/2 łyżki golden syropu (jasna kukurydza)

Tarta skórka i sok z 1 cytryny

175 g/6 uncji/1½ szklanki mąki samorosnącej

50 g/2 uncji/½ szklanki posiekanych orzechów włoskich

1 jabłko do jedzenia (na deser), obrane, wydrążone i posiekane

100 g/4 uncji/2/3 szklanki cukru pudru

30 ml/2 łyżki soku z cytryny

15ml/1 łyżka wody

Połówki orzecha włoskiego do dekoracji

Masło lub margarynę utrzeć z cukrem pudrem na jasną i puszystą masę. Stopniowo dodawaj jajka, następnie syrop, skórkę i sok z cytryny. Dodać mąkę, posiekane orzechy włoskie i jabłko. Wlać do natłuszczonego okrągłego naczynia o średnicy 20 cm, nadającego się do kuchenki mikrofalowej i wstawić do mikrofalówki na maksymalną moc przez 4 minuty. Wyjmij z piekarnika i przykryj folią aluminiową. Ostudzić. Cukier puder wymieszać z sokiem z cytryny i taką ilością wody, aby powstała gładka lukier (glazura). Posmaruj ciasto i udekoruj połówkami orzechów włoskich.

Ciasto marchewkowe z mikrofali

Na ciasto o średnicy 18 cm

100 g miękkiego masła lub margaryny

100 g miękkiego brązowego cukru

2 ubite jajka

Tarta skórka i sok z 1 pomarańczy

2,5 ml/½ łyżeczki mielonego cynamonu

Szczypta startej gałki muszkatołowej

100 g startej marchewki

100 g / 4 uncje / 1 szklanka mąki samorosnącej

25 g/1 uncja/¼ szklanki mielonych migdałów

25 g/1 uncja/2 łyżki cukru pudru (drobnego)

Dla pokrycia:

100 g/4 uncji/½ szklanki serka śmietankowego

50 g przesianego cukru pudru

30 ml/2 łyżki soku z cytryny

Masło i cukier utrzeć na jasną i puszystą masę. Stopniowo dodawaj jajka, następnie sok i skórkę pomarańczową, przyprawy i marchewkę. Dodać mąkę, migdały i cukier. Przelać do natłuszczonej i wyłożonej papierem formy o średnicy 18 cm i przykryć folią spożywczą. Włącz kuchenkę mikrofalową na maksymalną moc przez 8 minut, aż wykałaczka wbita w środek będzie czysta. Usuń przezroczystą folię i odstaw na 8 minut, a następnie wyłóż na kratkę, aby dokończyć studzenie. Składniki na polewę wymieszać i posmarować nimi schłodzone ciasto.

Ciasto marchewkowe, ananasowo-orzechowe z mikrofali

Na ciasto o średnicy 20 cm

225 g/8 uncji/1 szklanka cukru pudru (bardzo drobnego)

2 jajka

120 ml/4 uncji/½ szklanki oleju

1,5 ml/¼ łyżeczki soli

5 ml/1 łyżeczka sody oczyszczonej (soda oczyszczona)

100 g / 4 uncje / 1 szklanka mąki samorosnącej

5 ml/1 łyżeczka mielonego cynamonu

175 g startej marchewki

75 g/3 uncji/¾ szklanki posiekanych orzechów włoskich

225 g pokruszonego ananasa z sokiem

Na glazurę (lukier):

15 g/½ uncji/1 łyżka masła lub margaryny

50 g/2 uncji/¼ szklanki serka śmietankowego

10 ml/2 łyżeczki soku z cytryny

Cukier puder (lukier), przesiany

Dużą formę pierścieniową (tacka na rurki) wyłóż papierem do pieczenia. Ubić cukier, jajka i olej. Delikatnie wymieszaj suche składniki, aż dobrze się połączą. Dodać pozostałe składniki ciasta. Wlać mieszaninę do przygotowanej patelni, umieścić na stojaku lub talerzu do góry nogami i wstawić do mikrofalówki na maksymalną moc przez 13 minut lub do momentu, aż masa się zetnie. Odstawiamy na 5 minut, a następnie przekładamy na metalową kratkę do ostygnięcia.

W międzyczasie zrób lukier. Włóż masło lub margarynę, serek śmietankowy i sok z cytryny do miski i wstaw do mikrofalówki na wysoką moc przez 30 do 40 sekund. Stopniowo dodawaj tyle cukru pudru, aby uzyskać gęstą konsystencję i ubijaj, aż masa będzie puszysta. Gdy ciasto wystygnie, posmaruj wierzch polewą.

Przyprawione ciastka z otrębów w kuchence mikrofalowej

15 temu

75 g/3 uncji/¾ filiżanki płatków All Bran

250 ml/8 uncji/1 szklanka mleka

175 g/6 uncji/1 ½ szklanki mąki zwykłej (uniwersalnej)

75 g/3 uncji/1/3 szklanki cukru pudru (bardzo drobnego)

10 ml/2 łyżeczki proszku do pieczenia

10 ml/2 łyżeczki mielonej mieszanki przypraw (szarlotka)

szczypta soli

60 ml/4 łyżki golden syropu (jasna kukurydza)

45 ml/3 łyżki oleju

1 jajko, lekko ubite

75 g rodzynek

15 ml/1 łyżka stołowa startej skórki pomarańczowej

Płatki namoczyć w mleku na 10 minut. Wymieszaj mąkę, cukier, proszek do pieczenia, mieszankę przypraw i sól, a następnie wymieszaj z płatkami. Dodać syrop, olej, jajko, rodzynki i skórkę pomarańczową. Umieścić w papierowych foremkach (papierowych papilotkach) i wstawić do kuchenki mikrofalowej pięć ciastek na raz, na maksymalnym poziomie, przez 4 minuty. Powtórzyć dla pozostałych ciast.

Sernik z bananami i marakujami do mikrofalówki

Na ciasto o średnicy 23 cm

100 g roztopionego masła lub margaryny

175 g / 6 uncji / 1½ szklanki okruszków ciastek piernikowych

250 g/9 uncji/1 obfita szklanka serka śmietankowego

175 ml/6 uncji/¾ szklanki kwaśnej śmietany (kwaśnego nabiału)

2 jajka, lekko ubite

100 g/4 uncji/½ szklanki cukru pudru (bardzo drobnego)

Tarta skórka i sok z 1 cytryny

150 ml/¼ pt./2/3 szklanki śmietanki do ubijania

1 banan, pokrojony w plasterki

1 marakuja, posiekana

Wymieszaj masło lub margarynę z okruszkami ciastek i wciśnij w spód i boki flaneli o średnicy 23 cm/9 cali. Mikrofale na maksymalnej mocy przez 1 minutę. Ostudzić.

Ubij serek śmietankowy i śmietanę na gładką masę, następnie dodaj jajko, cukier, sok i skórkę z cytryny. Wylać na bazę i równomiernie rozprowadzić. Gotuj na średnim ogniu przez 8 minut. Ostudzić.

Śmietanę ubić na sztywną pianę, następnie rozsmarować ją na osłonce. Na wierzchu ułóż plasterki banana i polej miąższem marakui.

Sernik pomarańczowy pieczony w kuchence mikrofalowej

Na ciasto o średnicy 20 cm

50 g/2 uncje/¼ szklanki masła lub margaryny

12 ciastek pełnoziarnistych (krakersy Graham), pokruszonych

100 g/4 uncji/½ szklanki cukru pudru (bardzo drobnego)

225 g/8 uncji/1 szklanka serka śmietankowego

2 jajka

30 ml/2 łyżki zagęszczonego soku pomarańczowego

15 ml/1 łyżka soku z cytryny

150 ml/¼ pt/2/3 szklanki kwaśnej śmietany (kwaśnego nabiału)

szczypta soli

1 pomarańcza

30 ml/2 łyżki dżemu morelowego (konfitura)

150 ml/¼ pt/2/3 szklanki śmietanki podwójnej (ciężkiej)

Rozpuść masło lub margarynę w naczyniu z kremem o średnicy 20 cm w kuchence mikrofalowej na maksymalnej mocy przez 1 minutę. Dodaj okruchy herbatników i 25 g/1 uncji/2 łyżek cukru, a następnie wyciśnij na spód i boki naczynia. Ser ubić z pozostałym cukrem i jajkami, następnie dodać sok pomarańczowy i cytrynowy, śmietanę i sól. Wlać do pojemnika (skorupy) i wstawić do kuchenki mikrofalowej na maksymalną moc przez 2 minuty. Odstaw na 2 minuty, następnie wstaw do mikrofalówki na wysoką moc na kolejne 2 minuty. Odstaw na 1 minutę, następnie wstaw do mikrofalówki na wysoką moc na 1 minutę. Ostudzić.

Obierz pomarańczę i ostrym nożem usuń segmenty membrany. Rozpuść dżem i posmaruj nim wierzch sernika. Ubić śmietanę i wyłożyć na brzeg sernika, po czym udekorować cząstkami pomarańczy.

Sernik ananasowy z mikrofali

Na ciasto o średnicy 23 cm

100 g roztopionego masła lub margaryny

175 g / 6 uncji / 1 ½ szklanki okruchów herbatników trawiennych (krakers Graham)

250 g/9 uncji/1 obfita szklanka serka śmietankowego

2 jajka, lekko ubite

5 ml/1 łyżeczka otartej skórki z cytryny

30 ml/2 łyżki soku z cytryny

75 g/3 uncji/1/3 szklanki cukru pudru (bardzo drobnego)

400 g/14 uncji/1 duża puszka ananasa, odsączonego i rozgniecionego

150 ml/¼ pt/2/3 szklanki śmietanki podwójnej (ciężkiej)

Wymieszaj masło lub margarynę z okruszkami ciastek i wciśnij w spód i boki flaneli o średnicy 23 cm/9 cali. Mikrofale na maksymalnej mocy przez 1 minutę. Ostudzić.

Ubij serek śmietankowy, jajka, skórkę i sok z cytryny oraz cukier na gładką masę. Dodać ananasa i wylać na bazę. Kuchenkę mikrofalową na średnim ogniu przez 6 minut, aż masa będzie twarda. Ostudzić.

Śmietanę ubić na sztywną pianę, po czym wyłożyć ją na wierzch sernika.

Chleb wiśniowo-orzechowy z mikrofali

Na jeden bochenek o wadze 900 g/2 funty

6 uncji/175 g/¾ szklanki masła lub margaryny, miękkiej

175 g/6 uncji/¾ szklanki miękkiego brązowego cukru

3 ubite jajka

225 g/8 uncji/2 szklanki mąki zwykłej (uniwersalnej)

10 ml/2 łyżeczki proszku do pieczenia

szczypta soli

45ml/3 łyżki mleka

75 g glazurowanych wiśni (kandyzowanych)

75 g/¾ szklanki posiekanych mieszanych orzechów

25 g/1 uncji/3 łyżek cukru pudru, przesianego

Masło lub margarynę utrzeć z brązowym cukrem na jasną i puszystą masę. Stopniowo ubijaj jajka, następnie mąkę, proszek do pieczenia i sól. Dodaj tyle mleka, aby uzyskać gładką konsystencję, następnie dodaj wiśnie i orzechy włoskie. Wlać do natłuszczonego i oprószonego mąką naczynia do kuchenki mikrofalowej o pojemności 900 g i posypać cukrem. Kuchenka mikrofalowa na maksymalnej mocy przez 7 minut. Odstaw na 5 minut, a następnie przełóż na metalową kratkę, aby dokończyć studzenie.

Ciasto czekoladowe z mikrofali

Na ciasto o średnicy 18 cm

8 uncji/225 g/1 szklanka miękkiego masła lub margaryny

175 g/6 uncji/¾ szklanki cukru pudru (drobnego)

150 g/5 uncji/1¼ szklanki mąki samorosnącej

50 g/2 uncji/¼ szklanki kakao (niesłodzonej czekolady) w proszku

5ml/1 łyżeczka proszku do pieczenia

3 ubite jajka

45ml/3 łyżki mleka

Wymieszaj wszystkie składniki i umieść je w natłuszczonym i wyłożonym papierem naczyniu o średnicy 18 cm, które można używać w kuchence mikrofalowej. Kuchenkę mikrofalową na maksymalnej mocy przez 9 minut, aż masa będzie twarda w dotyku. Pozostawiamy do ostygnięcia na blasze przez 5 minut, następnie przekładamy na metalową kratkę, aby dokończyć studzenie.

Ciasto czekoladowe z migdałami do mikrofalówki

Na ciasto o średnicy 20 cm

Na ciasto:

100 g miękkiego masła lub margaryny

100 g/4 uncji/½ szklanki cukru pudru (bardzo drobnego)

2 jajka, lekko ubite

100 g / 4 uncje / 1 szklanka mąki samorosnącej

50 g/2 uncji/½ szklanki kakao (niesłodzonej czekolady) w proszku

50 g/2 uncji/½ szklanki mielonych migdałów

150 ml/¼ pt./2/3 szklanki mleka

60 ml/4 łyżki golden syropu (jasna kukurydza)

Na glazurę (lukier):

100 g/4 uncje/1 filiżanka naturalnej czekolady (półsłodkiej)

25 g/1 uncja/2 łyżki masła lub margaryny

8 całych migdałów

Aby przygotować ciasto, utrzyj masło lub margarynę z cukrem na jasną i puszystą masę. Stopniowo ubijaj jajka, następnie dodaj mąkę i kakao, a następnie zmielone migdały. Dodaj mleko i syrop i ubijaj, aż masa będzie jasna i gładka. Wlać do naczynia o średnicy 20 cm / 8 cali, wyłożonego folią, przeznaczonego do kuchenki mikrofalowej i wstawić do mikrofalówki na maksymalną moc przez 4 minuty. Wyjąć z piekarnika, przykryć folią aluminiową i lekko przestudzić, a następnie przełożyć na metalową kratkę, aby dokończyć studzenie.

Aby przygotować lukier, rozpuść czekoladę z masłem lub margaryną na wysokim poziomie przez 2 minuty. Uderz dobrze. Zanurz połowę migdałów w czekoladzie i odłóż na papier do pieczenia (woskowany). Pozostałą glazurą wylej ciasto na ciasto i rozsmaruj je na wierzchu i bokach. Udekorować migdałami i odstawić.

Podwójne czekoladowe ciasteczka z mikrofali

8 temu

150 g naturalnej czekolady (półsłodkiej), grubo posiekanej

75 g/3 uncji/1/3 szklanki masła lub margaryny

175 g/6 uncji/¾ szklanki miękkiego brązowego cukru

2 jajka, lekko ubite

150 g/5 uncji/1 ¼ szklanki mąki zwykłej (uniwersalnej)

2,5 ml/½ łyżeczki proszku do pieczenia

2,5 ml/½ łyżeczki esencji waniliowej (ekstrakt)

30ml/2 łyżki mleka

Rozpuść 50 g/2 uncji/½ szklanki czekolady z masłem lub margaryną na wysokich obrotach przez 2 minuty. Dodać cukier i jajka, następnie dodać mąkę, proszek do pieczenia, ekstrakt waniliowy i mleko, aż masa będzie gładka. Wlać do natłuszczonego, kwadratowego naczynia mikrofalowego o średnicy 20 cm i wstawić do mikrofalówki na maksymalną moc przez 7 minut. Studzimy na talerzu przez 10 minut. Pozostałą czekoladę rozpuść na wysokim poziomie przez 1 minutę, następnie posmaruj nią wierzch ciasta i pozostaw do ostygnięcia. Pokrój w kwadraty.

Czekoladowe batoniki daktylowe do mikrofalówki

8 temu

50 g daktyli bez pestek, posiekanych

60 ml/4 łyżki wrzącej wody

65 g miękkiego masła lub margaryny

225 g/8 uncji/1 szklanka cukru pudru (bardzo drobnego)

1 jajko

100 g / 4 uncje / 1 szklanka mąki zwykłej (uniwersalnej)

10 ml/2 łyżeczki proszku kakaowego (niesłodzonej czekolady).

2,5 ml/½ łyżeczki proszku do pieczenia

szczypta soli

25 g/1 uncja/¼ szklanki posiekanych mieszanych orzechów

100 g naturalnej czekolady (półsłodkiej), drobno posiekanej

Daktyle zalać wrzącą wodą i odstawić do ostygnięcia. Masło lub margarynę utrzeć z połową cukru na jasną i puszystą masę. Stopniowo ubijaj jajko, następnie na zmianę dodawaj mąkę, kakao, proszek do pieczenia oraz mieszankę soli i daktylów. Wlać do natłuszczonego i oprószonego mąką naczynia mikrofalowego o średnicy 20 cm/8 kwadratowych. Pozostały cukier wymieszać z orzechami i czekoladą, posypać wierzch, lekko dociskając. Kuchenka mikrofalowa na maksymalnej mocy przez 8 minut. Przed pokrojeniem na kwadraty ostudź na patelni.

Kwadraty czekoladowe do mikrofalówki

16 temu

Na ciasto:

50 g/2 uncje/¼ szklanki masła lub margaryny

5 ml/1 łyżeczka cukru pudru (drobnego)

75 g mąki zwykłej (uniwersalnej)

1 żółtko

15ml/1 łyżka wody

175 g naturalnej czekolady (półsłodkiej), startej lub drobno posiekanej

Dla pokrycia:

50 g masła lub margaryny

50 g/2 uncji/¼ szklanki cukru pudru (bardzo drobnego)

1 jajko

2,5 ml/½ łyżeczki esencji waniliowej (ekstrakt)

100 g/1 uncje/1 filiżanka posiekanych orzechów włoskich

Aby przygotować ciasto, rozpuść masło lub margarynę, dodaj cukier, mąkę, żółtko i wodę. Rozprowadź równomiernie mieszaninę na kwadratowym naczyniu o średnicy 20 cm, nadającym się do kuchenki mikrofalowej i wstaw do kuchenki mikrofalowej na maksymalną moc przez 2 minuty. Posyp czekoladą i wstaw do mikrofalówki na 1 minutę na maksymalną moc. Rozprowadzić równomiernie na spodzie i pozostawić do stwardnienia.

Aby przygotować polewę, podgrzej masło lub margarynę w kuchence mikrofalowej na maksymalnej mocy przez 30 sekund. Dodać pozostałe składniki polewy i rozsmarować na czekoladzie. Kuchenka mikrofalowa na maksymalnej mocy przez 5 minut. Pozostawić do ostygnięcia, a następnie pokroić w kwadraty.

Szybkie ciasto kawowe z mikrofali

Na jedno ciasto o średnicy 19 cm

Na ciasto:

8 uncji/225 g/1 szklanka miękkiego masła lub margaryny

225 g/8 uncji/1 szklanka cukru pudru (bardzo drobnego)

225 g/8 uncji/2 filiżanek mąki samorosnącej

5 jaj

45 ml/3 łyżki esencji kawowej (ekstraktu)

Na glazurę (lukier):

30 ml/2 łyżki esencji kawowej (ekstraktu)

175 g/6 uncji/¾ szklanki masła lub margaryny

Cukier puder (lukier), przesiany

Połówki orzecha włoskiego do dekoracji

Wszystkie składniki ciasta mieszamy, aż dobrze się połączą. Podzielić pomiędzy dwie formy do pieczenia w kuchence mikrofalowej o średnicy 19 cm i gotować każdą na wysokim poziomie przez 5 do 6 minut. Wyjmij z kuchenki mikrofalowej i ostudź.

Składniki glazury wymieszać, dosłodzić do smaku cukrem pudrem. Gdy ostygną, przekładamy ciastka połową kremu, a resztą smarujemy wierzch. Udekorować połówkami orzechów włoskich.

Świąteczne ciasto z mikrofali

Na ciasto o średnicy 23 cm

150 g miękkiego masła lub margaryny

150 g / 5 uncji / 2/3 szklanki miękkiego brązowego cukru

3 jajka

30 ml/2 łyżki melasy z czarnego paska (melasy)

225 g/8 uncji/2 filiżanek mąki samorosnącej

10 ml/2 łyżeczki mielonej mieszanki przypraw (szarlotka)

2. 5 ml/½ łyżeczki startej gałki muszkatołowej

2,5 ml/½ łyżeczki sody oczyszczonej (soda oczyszczona)

450 g/1 funt/22/3 szklanki mieszanych suszonych owoców (mieszanka ciast owocowych)

50 g glazurowanych wiśni (kandyzowanych)

50 g/2 uncji/1/3 szklanki posiekanej mieszanej skórki

50 g/2 uncji/½ szklanki posiekanych mieszanych orzechów

30 ml/2 łyżki brandy

Dodatkowa brandy do dojrzewania ciasta (opcjonalnie)

Masło lub margarynę utrzeć z cukrem na jasną i puszystą masę. Stopniowo dodawaj jajka i melasę, następnie dodaj mąkę, przyprawy i sodę oczyszczoną. Delikatnie wymieszaj owoce, wymieszaną skórkę i orzechy, następnie dodaj brandy. Wlać do wyłożonego dnem naczynia do kuchenki mikrofalowej o średnicy 23 cm/9 cali i włączyć kuchenkę mikrofalową na niskim poziomie przez 45 do 60 minut. Pozostawić do ostygnięcia na blasze przez 15 minut, a następnie przełożyć na kratkę, aby dokończyć studzenie.

Po wystygnięciu zawiń ciasto w folię aluminiową i odstaw na 2 tygodnie w chłodne, ciemne miejsce. W razie potrzeby nakłuj wierzch ciasta kilka razy cienkim patyczkiem i posyp odrobiną dodatkowej brandy, a następnie ponownie zawiń i odłóż ciasto na bok. Można to zrobić kilka razy, aby uzyskać bogatsze ciasto.

Kruche ciasto z mikrofali

Na ciasto o średnicy 20 cm

300 g/10 uncji/1 ¼ szklanki cukru pudru (drobnego)

225 g/8 uncji/2 szklanki mąki zwykłej (uniwersalnej)

10 ml/2 łyżeczki proszku do pieczenia

5 ml/1 łyżeczka mielonego cynamonu

100 g miękkiego masła lub margaryny

2 jajka, lekko ubite

100 ml/3½ uncji/6½ łyżek stołowych mleka

Wymieszaj cukier, mąkę, proszek do pieczenia i cynamon. Dodać masło lub margarynę i zachować jedną czwartą mieszanki. Wymieszaj jajka z mlekiem i wbij je w największą część ciasta. Wlać mieszaninę do natłuszczonego i oprószonego mąką naczynia o średnicy 20 cm/8 cali, które można używać w kuchence mikrofalowej i posypać zarezerwowaną kruszonką. Mikrofale na maksymalnej mocy przez 10 minut. Studzimy na talerzu.

Batony daktylowe do mikrofalówki

12 temu

150 g/5 uncji/1¼ szklanki mąki samorosnącej

175 g/6 uncji/¾ szklanki cukru pudru (drobnego)

100 g / 4 uncje / 1 szklanka wiórków kokosowych (tartych)

100 g/4 uncji/2/3 szklanki daktyli bez pestek, posiekanych

50 g/2 uncji/½ szklanki posiekanych mieszanych orzechów

100 g roztopionego masła lub margaryny

1 jajko, lekko ubite

Cukier puder (lukier) do posypania

Wymieszaj suche składniki. Dodaj masło lub margarynę i jajko i mieszaj, aż uzyskasz zwarte ciasto. Wciśnij spód kwadratowej płyty kuchenki mikrofalowej o średnicy 20 cm i wstaw do mikrofalówki na średnim poziomie przez 8 minut, aż masa będzie twarda. Pozostawić w formie na 10 minut, następnie pokroić w batoniki i wyłożyć na kratkę do wystygnięcia.

Chleb figowy z mikrofali

Na jeden bochenek o wadze 1½ funta/675 g

100 g otrębów

50 g/2 uncji/¼ szklanki jasnego brązowego cukru

45 ml/3 łyżki jasnego miodu

100 g/4 uncji/2/3 szklanki posiekanych suszonych fig

50 g/2 uncji/½ szklanki posiekanych orzechów laskowych

300 ml/½ porcji/1¼ szklanki mleka

100 g / 4 uncje / 1 szklanka mąki pełnoziarnistej (pełnoziarnistej)

10 ml/2 łyżeczki proszku do pieczenia

szczypta soli

Wszystkie składniki mieszamy aż do uzyskania sztywnego ciasta. Uformuj formę do pieczenia w kuchence mikrofalowej i wypoziomuj powierzchnię. Gotuj na wysokim poziomie przez 7 minut. Pozostawiamy do ostygnięcia na blaszce przez 10 minut, następnie przekładamy na metalową kratkę, aby dokończyć studzenie.

Naleśniki z mikrofali

24 temu

6 uncji/175 g/¾ szklanki masła lub margaryny, miękkiej

50 g/2 uncji/¼ szklanki cukru pudru (bardzo drobnego)

50 g/2 uncji/¼ szklanki jasnego brązowego cukru

90 ml/6 łyżek Golden Syrop (jasna kukurydza)

szczypta soli

275 g płatków owsianych/10 uncji/2½ szklanki

W dużej misce wymieszaj masło lub margarynę z cukrem i gotuj na wysokim poziomie przez 1 minutę. Dodaj pozostałe składniki i dobrze wymieszaj. Wlać mieszaninę do natłuszczonego naczynia o średnicy 18 cm/7 cali, które można używać w kuchence mikrofalowej i lekko docisnąć. Gotuj na wysokim poziomie przez 5 minut. Lekko ostudzić, a następnie pokroić w kwadraty.

Ciasto owocowe z mikrofali

Na ciasto o średnicy 18 cm

6 uncji/175 g/¾ szklanki masła lub margaryny, miękkiej

175 g/6 uncji/¾ szklanki cukru pudru (drobnego)

otarta skórka z 1 cytryny

3 ubite jajka

225 g/8 uncji/2 szklanki mąki zwykłej (uniwersalnej)

5 ml/1 łyżeczka mielonych przypraw (szarlotka)

225 g rodzynek

225 g/8 uncji/11/3 szklanki sułtanek (złotych rodzynek)

50 g glazurowanych wiśni (kandyzowanych)

50 g/2 uncji/½ szklanki posiekanych mieszanych orzechów

15 ml/1 łyżka golden syropu (jasna kukurydza)

45 ml/3 łyżki brandy

Masło lub margarynę utrzeć z cukrem na jasną i puszystą masę. Wymieszaj skórkę z cytryny, a następnie stopniowo ubijaj jajka. Dodać mąkę i wymieszane przyprawy, następnie wymieszać z pozostałymi składnikami. Wlać do natłuszczonego i wyłożonego wykładziną okrągłego naczynia o średnicy 18 cm, przeznaczonego do kuchenki mikrofalowej i włączyć kuchenkę mikrofalową na małym ogniu przez 35 minut, aż wykałaczka wbita w środek będzie czysta. Pozostawiamy do ostygnięcia na blasze przez 10 minut, następnie przekładamy na metalową kratkę, aby dokończyć studzenie.

Kwadraty z owocami i kokosem do mikrofalówki

8 temu

50 g/2 uncje/¼ szklanki masła lub margaryny

9 ciastek pełnoziarnistych (krakersy Graham), pokruszonych

50 g/2 uncji/½ szklanki suszonego kokosa (tartego)

100 g/4 uncji/2/3 szklanki mieszanej posiekanej skórki (kandyzowanej)

50 g daktyli bez pestek, posiekanych

15 ml/1 łyżka mąki zwykłej (uniwersalnej)

1 uncja/25 g/2 łyżki glazurowanych wiśni (kandowanych), posiekanych

100 g/4 uncje/1 filiżanka posiekanych orzechów włoskich

150 ml/¼ pt/2/3 szklanki skondensowanego mleka

Rozpuść masło lub margarynę w naczyniu kwadratowym o średnicy 20 cm, nadającym się do kuchenki mikrofalowej, na wysokiej mocy przez 40 sekund. Dodać okruszki ciasteczek i równomiernie rozprowadzić na dnie talerza. Posypać wiórkami kokosowymi, następnie wymieszaną skórką. Daktyle wymieszać z mąką, wiśniami i orzechami włoskimi, posypać wierzch i zalać mlekiem. Kuchenka mikrofalowa na maksymalnej mocy przez 8 minut. Studzimy na talerzu, następnie kroimy w kwadraty.

Ciasto Krówkowe z Mikrofalówki

Na ciasto o średnicy 20 cm

150 g/5 uncji/1 ¼ szklanki mąki zwykłej (uniwersalnej)

5ml/1 łyżeczka proszku do pieczenia

Szczypta sody oczyszczonej (soda oczyszczona)

szczypta soli

300 g/10 uncji/1 ¼ szklanki cukru pudru (drobnego)

50 g miękkiego masła lub margaryny

250 ml/8 uncji/1 szklanka mleka

Kilka kropli esencji waniliowej (ekstrakt)

1 jajko

100 g/4 uncji/1 filiżanka naturalnej czekolady (półsłodkiej), posiekanej

50 g /2 uncji/½ szklanki posiekanych mieszanych orzechów

Lukier Masło Czekoladowy

Wymieszaj mąkę, proszek do pieczenia, sodę oczyszczoną i sól. Dodaj cukier, następnie dodaj masło lub margarynę, mleko i ekstrakt waniliowy, aż masa będzie gładka. Ubij jajko. Włóż do kuchenki mikrofalowej trzy czwarte czekolady na maksymalnym poziomie przez 2 minuty, aż się rozpuści, następnie wymieszaj ją z ciastem, aż uzyska kremową konsystencję. Dodaj orzechy. Wlać mieszaninę do dwóch natłuszczonych i posypanych mąką naczyń do kuchenki mikrofalowej o wymiarach 8/20 cm i wstawić do mikrofalówki, każdy osobno na 8 minut. Wyjmij z piekarnika, przykryj folią aluminiową i odstaw do ostygnięcia na 10 minut, następnie przełóż na metalową kratkę, aby dokończyć studzenie. Przełożyć na kanapkę z połową polewy maślanej (lukieru), następnie posmarować pozostałą polewą i udekorować zarezerwowaną czekoladą.

Piernik z mikrofali

Na ciasto o średnicy 20 cm

50 g/2 uncje/¼ szklanki masła lub margaryny

3 uncje/75 g/¼ szklanki melasy z czarnego paska (melasa)

15 ml/1 łyżka cukru pudru (drobnego)

100 g / 4 uncje / 1 szklanka mąki zwykłej (uniwersalnej)

5 ml/1 łyżeczka mielonego imbiru

2,5 ml/½ łyżeczki mielonych przypraw (szarlotka)

2,5 ml/½ łyżeczki sody oczyszczonej (soda oczyszczona)

1 ubite jajko

Do miski włóż masło lub margarynę i wstaw do mikrofalówki na 30 sekund. Dodaj melasę i cukier i gotuj w kuchence mikrofalowej na maksymalnej mocy przez 1 minutę. Dodać mąkę, przyprawy i sodę oczyszczoną. Ubij jajko. Wlać mieszaninę do natłuszczonego naczynia o pojemności 1,5 litra / 2½ pinty / 6 filiżanek i wstawić do mikrofalówki na maksymalną moc przez 4 minuty. Studzimy na blasze przez 5 minut, następnie przekładamy na metalową kratkę, aby dokończyć studzenie.

Batoniki imbirowe z mikrofali

12 temu

Na ciasto:

150 g miękkiego masła lub margaryny

50 g/2 uncji/¼ szklanki cukru pudru (bardzo drobnego)

100 g / 4 uncje / 1 szklanka mąki zwykłej (uniwersalnej)

2,5 ml/½ łyżeczki proszku do pieczenia

5 ml/1 łyżeczka mielonego imbiru

Dla pokrycia:

15 g/½ uncji/1 łyżka masła lub margaryny

15 ml/1 łyżka golden syropu (jasna kukurydza)

Kilka kropli esencji waniliowej (ekstrakt)

5 ml/1 łyżeczka mielonego imbiru

50 g/2 uncji/1/3 szklanki cukru pudru

Aby przygotować ciasto, utrzyj masło lub margarynę z cukrem na jasną i puszystą masę. Dodaj mąkę, proszek do pieczenia i imbir i mieszaj, aż uzyskasz gładkie ciasto. Wciśnij do kwadratowego naczynia mikrofalowego o średnicy 20 cm/8 cali i wstaw do kuchenki mikrofalowej na średnim poziomie przez 6 minut, aż masa będzie twarda.

Aby przygotować polewę, rozpuść masło lub margarynę z syropem. Dodaj esencję waniliową, imbir i cukier puder i ubijaj, aż masa będzie gęsta. Rozsmarować równomiernie na ciepłym cieście. Studzimy na talerzu, następnie kroimy w słupki lub kwadraty.

Złote ciasto z mikrofali

Na ciasto o średnicy 20 cm

Na ciasto:

100 g miękkiego masła lub margaryny

100 g/4 uncji/½ szklanki cukru pudru (bardzo drobnego)

2 jajka, lekko ubite

Kilka kropli esencji waniliowej (ekstrakt)

225 g/8 uncji/2 szklanki mąki zwykłej (uniwersalnej)

10 ml/2 łyżeczki proszku do pieczenia

szczypta soli

60 ml/4 łyżki mleka

Na glazurę (lukier):

50 g miękkiego masła lub margaryny

100 g/4 uncji/2/3 szklanki cukru pudru

Kilka kropli esencji waniliowej (ekstrakt) (opcjonalnie)

Aby przygotować ciasto, utrzyj masło lub margarynę z cukrem na jasną i puszystą masę. Stopniowo ubijaj jajka, następnie mąkę, proszek do pieczenia i sól. Dodaj tyle mleka, aby uzyskać gładką, lejącą konsystencję. Podzielić pomiędzy dwie natłuszczone i oprószone mąką talerze do kuchenki mikrofalowej o średnicy 8/20 cm i piec każde ciasto oddzielnie na wysokim poziomie przez 6 minut. Wyjmij z piekarnika, przykryj folią aluminiową i odstaw do ostygnięcia na 5 minut, a następnie przełóż na metalową kratkę, aby dokończyć studzenie.

Aby przygotować lukier, utrzyj masło lub margarynę na gładką masę, następnie dodaj cukier puder i esencję waniliową, jeśli chcesz. Połącz ciasta z połową lukru, a następnie rozsmaruj resztę na wierzchu.

Ciasto z miodem i orzechami laskowymi z mikrofali

Na ciasto o średnicy 18 cm

150 g miękkiego masła lub margaryny

100 g miękkiego brązowego cukru

45 ml/3 łyżki jasnego miodu

3 ubite jajka

225 g/8 uncji/2 filiżanek mąki samorosnącej

100 g / 4 uncje / 1 szklanka mielonych orzechów laskowych

45ml/3 łyżki mleka

glazura maślana

Masło lub margarynę utrzeć z cukrem i miodem na jasną i puszystą masę. Stopniowo dodawaj jajka, następnie mąkę i orzechy laskowe oraz tyle mleka, aby uzyskać gładką konsystencję. Wlać do naczynia o średnicy 18 cm, które można używać w kuchence mikrofalowej i gotować na średnim ogniu przez 7 minut. Pozostawiamy do ostygnięcia na blaszce przez 5 minut, następnie przekładamy na metalową kratkę, aby dokończyć studzenie. Ciasto przekrój poziomo na pół, a następnie posmaruj polewą maślaną (lukierem).

Żujące batoniki musli do podgrzewania w kuchence mikrofalowej

około 10 temu

100 g/4 uncje/½ szklanki masła lub margaryny

175 g jasnego miodu

50 g/2 uncji/1/3 szklanki gotowych do spożycia suszonych moreli, posiekanych

50 g daktyli bez pestek, posiekanych

75 g/¾ szklanki posiekanych mieszanych orzechów

100 g/4 uncje/1 filiżanka płatków owsianych

100 g miękkiego brązowego cukru

1 ubite jajko

25 g/1 uncja/2 łyżki mąki samorosnącej

Do miski włóż masło lub margarynę i miód i gotuj na wysokim poziomie przez 2 minuty. Wymieszaj wszystkie pozostałe składniki. Wlać do blaszki do pieczenia w kuchence mikrofalowej o średnicy 20 cm i wstawić do mikrofalówki na maksymalną moc przez 8 minut. Lekko ostudzić, a następnie pokroić w kwadraty lub plasterki.

Ciasto orzechowe z mikrofali

Na ciasto o średnicy 20 cm

150 g/5 uncji/1 ¼ szklanki mąki zwykłej (uniwersalnej)

szczypta soli

5 ml/1 łyżeczka mielonego cynamonu

75 g/3 uncji/1/3 szklanki miękkiego brązowego cukru

75 g/3 uncji/1/3 szklanki cukru pudru (bardzo drobnego)

75ml/5 łyżek oleju

25 g/1 uncja/¼ szklanki posiekanych orzechów włoskich

5ml/1 łyżeczka proszku do pieczenia

2,5 ml/½ łyżeczki sody oczyszczonej (soda oczyszczona)

1 jajko

150 ml/¼ pt/2/3 szklanki kwaśnego mleka

Wymieszaj mąkę, sól i połowę cynamonu. Dodać cukry, następnie dodać olej, aż składniki dobrze się wymieszają. Odlej 90 ml/6 łyżek stołowych mieszanki, dodaj orzechy włoskie i pozostały cynamon. Do masy dodać proszek do pieczenia, sodę oczyszczoną, jajko i mleko i ubić na gładką masę. Wlać główną mieszaninę do natłuszczonego i oprószonego mąką naczynia o średnicy 20 cm/8 cali, które można używać w kuchence mikrofalowej i posypać na wierzch mieszanką orzechów. Kuchenka mikrofalowa na maksymalnej mocy przez 8 minut. Studzimy na patelni przez 10 minut i podajemy ciepłe.

Ciasto z sokiem pomarańczowym do mikrofalówki

Na ciasto o średnicy 20 cm

250 g/9 uncji/2 ¼ szklanki mąki zwykłej (uniwersalnej)

225 g/8 uncji/1 szklanka granulowanego cukru

15ml/1 łyżka proszku do pieczenia

2,5 ml/½ łyżeczki soli

60 ml/4 łyżki oleju

250 ml/8 uncji uncji/2 szklanki soku pomarańczowego

2 jajka, oddzielone

100 g/4 uncji/½ szklanki cukru pudru (bardzo drobnego)

Lukier z masłem pomarańczowym

Pomarańczowa glazura

Wymieszaj mąkę, cukier granulowany, proszek do pieczenia, sól, olej i połowę soku pomarańczowego i ubijaj, aż dobrze się wymieszają. Ubij żółtka i pozostały sok pomarańczowy, aż masa będzie gładka i jasna. Białka ubijamy na sztywną pianę, następnie dodajemy połowę cukru pudru i ubijamy, aż masa będzie gęsta i błyszcząca. Dodaj pozostały cukier, a następnie dodaj białka do ciasta. Podawać na dwóch natłuszczonych i posypanych mąką talerzach o średnicy 8/20 cm, które można używać w kuchence mikrofalowej i podgrzewać w kuchence mikrofalowej, każdy osobno na maksymalnej mocy, przez 6 do 8 minut. Wyjmij z piekarnika, przykryj folią aluminiową i odstaw do ostygnięcia na 5 minut, a następnie przełóż na metalową kratkę, aby dokończyć studzenie. Połącz ciasta z lukrem z masła pomarańczowego (lukierem) i posmaruj lukrem pomarańczowym na wierzchu.

Kuchenka mikrofalowa Pavlova

Na ciasto o średnicy 23 cm

4 białka jaj

225 g/8 uncji/1 szklanka cukru pudru (bardzo drobnego)

2,5 ml/½ łyżeczki esencji waniliowej (ekstrakt)

Kilka kropli octu winnego

150 ml/¼ pt./2/3 szklanki śmietanki do ubijania

1 kiwi, pokrojone w plasterki

100 g truskawek pokrojonych w plasterki

Białka ubijaj, aż utworzą miękkie szczyty. Posypać połową cukru i dobrze ubić. Stopniowo dodawaj resztę cukru, esencję waniliową i ocet i ubijaj, aż się rozpuszczą. Wlać mieszaninę do koła o średnicy 9/23 cm na kawałku papieru do pieczenia. Kuchenka mikrofalowa na maksymalnej mocy przez 2 minuty. Włóż do kuchenki mikrofalowej przy otwartych drzwiczkach na 10 minut. Wyjmij z piekarnika, usuń papier ochronny i pozostaw do ostygnięcia. Śmietanę ubić na sztywną pianę i rozsmarować ją na bezie. Na wierzchu atrakcyjnie ułóż owoce.

ciasto z mikrofali

Na ciasto o średnicy 20 cm

225 g/8 uncji/2 szklanki mąki zwykłej (uniwersalnej)

15ml/1 łyżka proszku do pieczenia

50 g/2 uncji/¼ szklanki cukru pudru (bardzo drobnego)

100 g/4 uncje/½ szklanki masła lub margaryny

75 ml/5 łyżek pojedynczej śmietany (jasnej)

1 jajko

Wymieszaj mąkę, proszek do pieczenia i cukier, a następnie utrzyj masło lub margarynę, aż mieszanina będzie przypominać bułkę tartą. Wymieszaj śmietanę i jajko, a następnie dodaj mieszankę mąki, aż uzyskasz miękkie ciasto. Wciśnij do natłuszczonego naczynia o średnicy 20 cm/8 cali i włóż do kuchenki mikrofalowej na maksymalną moc przez 6 minut. Pozostawiamy na 4 minuty, następnie wyjmujemy z formy i studzimy na kratce.

Ciastko truskawkowe z mikrofali

Na ciasto o średnicy 20 cm

900 g truskawek pokrojonych w grube plasterki

225 g/8 uncji/1 szklanka cukru pudru (bardzo drobnego)

225 g/8 uncji/2 szklanki mąki zwykłej (uniwersalnej)

15ml/1 łyżka proszku do pieczenia

175 g/6 uncji/¾ szklanki masła lub margaryny

75 ml/5 łyżek pojedynczej śmietany (jasnej)

1 jajko

150 ml/¼ pt./2/3 szklanki śmietanki śmietankowej (ciężkiej), ubitej

Wymieszaj truskawki ze 175 g/ 6 uncji/¾ szklanki cukru, następnie schładzaj przez co najmniej 1 godzinę.

Wymieszaj mąkę, proszek do pieczenia i pozostały cukier, następnie wetrzyj 100 g masła lub margaryny, aż mieszanina będzie przypominać bułkę tartą. Wymieszaj śmietanę i jajko, a następnie dodaj mieszankę mąki, aż uzyskasz miękkie ciasto. Wciśnij do natłuszczonego naczynia o średnicy 20 cm/8 cali i włóż do kuchenki mikrofalowej na maksymalną moc przez 6 minut. Odstaw na 4 minuty, następnie wyjmij z formy i przekrój na środku, gdy jest jeszcze gorące. Ostudzić.

Obie powierzchnie cięcia posmaruj pozostałym masłem lub margaryną. Na spód wyłóż jedną trzecią bitej śmietany, a na wierzch ułóż trzy czwarte truskawek. Przykryj jeszcze jedną trzecią kremu, a na wierzch połóż drugie ciasto. Na wierzch połóż pozostałą śmietanę i truskawki.

Ciasto z mikrofali

Na ciasto o średnicy 18 cm

150 g/5 uncji/1¼ szklanki mąki samorosnącej

100 g/4 uncje/½ szklanki masła lub margaryny

100 g/4 uncji/½ szklanki cukru pudru (bardzo drobnego)

2 jajka

30ml/2 łyżki mleka

Ubij wszystkie składniki, aż będą gładkie. Nałóż łyżką na wyłożoną dnem płytkę kuchenną mikrofalową o średnicy 18 cm/7 cali i wstaw do kuchenki mikrofalowej na średnim poziomie przez 6 minut. Pozostawiamy do ostygnięcia na blasce przez 5 minut, następnie przekładamy na metalową kratkę, aby dokończyć studzenie.

Batony mikrofalowe Sultana

12 temu

175 g/6 uncji/¾ szklanki masła lub margaryny

100 g/4 uncji/½ szklanki cukru pudru (bardzo drobnego)

15 ml/1 łyżka golden syropu (jasna kukurydza)

75 g sułtanek (złotych rodzynek)

5 ml/1 łyżeczka otartej skórki z cytryny

225 g/8 uncji/2 filiżanek mąki samorosnącej

Na glazurę (lukier):
175 g/6 uncji/1 szklanka cukru pudru

30 ml/2 łyżki soku z cytryny

Masło lub margarynę, cukier puder i syrop podgrzewaj w kuchence mikrofalowej na średnim poziomie przez 2 minuty. Dodaj rodzynki i skórkę z cytryny. Dodaj mąkę. Wyłóż łyżką na natłuszczone i wyłożone wykładziną kwadratowe naczynie o średnicy 20 cm, które można używać w kuchence mikrofalowej i wstaw do kuchenki mikrofalowej na średnim poziomie przez 8 minut, aż masa będzie twarda. Lekko ostudzić.

Do miski wsypujemy cukier puder i na środku robimy wgłębienie. Stopniowo dodawaj sok z cytryny, aż uzyskasz gładką lukier. Posmaruj nim ciasto, gdy jest jeszcze ciepłe, a następnie pozostaw do całkowitego ostygnięcia.

Czekoladowe ciasteczka do mikrofalówki

24 temu

8 uncji/225 g/1 szklanka miękkiego masła lub margaryny

100 g/4 uncji/½ szklanki ciemnobrązowego cukru

5 ml/1 łyżeczka esencji waniliowej (ekstrakt)

225 g/8 uncji/2 filiżanek mąki samorosnącej

50 g/2 uncji/½ szklanki pitnej czekolady w proszku

Masło, cukier i esencję waniliową utrzeć na jasną i puszystą masę. Stopniowo dodawaj mąkę i czekoladę i mieszaj, aż uzyskasz gładkie ciasto. Uformuj kulki wielkości orzecha włoskiego, ułóż po sześć na natłuszczonej blasze do kuchenki mikrofalowej i lekko spłaszcz widelcem. Każdą porcję podgrzewaj w kuchence mikrofalowej na maksymalnym poziomie przez 2 minuty, aż wszystkie ciastka będą ugotowane. Studzimy na kratce.

Ciasteczka kokosowe do mikrofalówki

24 temu

50 g miękkiego masła lub margaryny

75 g/3 uncji/1/3 szklanki cukru pudru (bardzo drobnego)

1 jajko, lekko ubite

2,5 ml/½ łyżeczki esencji waniliowej (ekstrakt)

75 g mąki zwykłej (uniwersalnej)

25 g / 1 uncja / ¼ szklanki suszonego kokosa (tartego)

szczypta soli

30 ml/2 łyżki dżemu truskawkowego (konfitura)

Masło lub margarynę utrzeć z cukrem na jasną i puszystą masę. Dodawać na zmianę jajko i esencję waniliową z mąką, kokosem i solą i miksować do uzyskania miękkiego ciasta. Uformuj kulki wielkości orzecha włoskiego i umieszczaj po sześć na raz na natłuszczonej blasze do kuchenki mikrofalowej, a następnie lekko dociśnij widelcem, aby lekko je spłaszczyć. Kuchenkę mikrofalową na maksymalnej mocy przez 3 minuty, aż masa będzie twarda. Przełożyć na metalową kratkę i na środku każdego ciasteczka umieścić porcję dżemu. Powtórz z pozostałymi ciasteczkami.

Florentynki z mikrofali

12 temu

50 g/2 uncje/¼ szklanki masła lub margaryny

50 g/2 uncji/¼ szklanki cukru demerara

15 ml/1 łyżka golden syropu (jasna kukurydza)

50 g glazurowanych wiśni (kandyzowanych)

75 g/3 uncji/¾ szklanki posiekanych orzechów włoskich

25 g sułtanek (złotych rodzynek)

25 g płatków migdałowych (w plasterkach)

30 ml/2 łyżki mieszanki posiekanej skórki (kandyzowanej)

25 g mąki zwykłej (uniwersalnej)

100 g/4 uncji/1 filiżanka naturalnej czekolady (półsłodkiej), posiekanej (opcjonalnie)

Masło lub margarynę, cukier i syrop wstawić do kuchenki mikrofalowej na maksymalną moc przez 1 minutę, aż się rozpuszczą. Dodaj wiśnie, orzechy włoskie, rodzynki i migdały, następnie wymieszaj z wymieszaną skórką i mąką. Umieść łyżeczki mieszanki w odstępach na papierze do pieczenia (woskowym) i gotuj po cztery na raz na wysokim poziomie przez 1,5 minuty każdą partię. Poleruj krawędzie nożem, odstaw na 3 minuty na papierze, a następnie przełóż na metalową kratkę, aby dokończyć studzenie. Powtórz z pozostałymi ciasteczkami. Jeśli chcesz, rozpuść czekoladę w misce przez 30 sekund i rozsmaruj ją na jednej stronie Florentines, a następnie poczekaj, aż zastygnie.

Ciasteczka orzechowe i wiśniowe do mikrofalówki

24 temu

100 g miękkiego masła lub margaryny

100 g/4 uncji/½ szklanki cukru pudru (bardzo drobnego)

1 ubite jajko

175 g/6 uncji/1 ½ szklanki mąki zwykłej (uniwersalnej)

50 g / 2 uncje / ½ szklanki mielonych orzechów laskowych

100 g glazurowanych wiśni (kandyzowanych)

Masło lub margarynę utrzeć z cukrem na jasną i puszystą masę. Stopniowo ubijaj jajko, następnie mąkę, orzechy laskowe i wiśnie. Umieść równomiernie rozmieszczone łyżki na blasze do pieczenia (ciasteczka) nadającej się do kuchenki mikrofalowej i włóż do kuchenki mikrofalowej po osiem ciastek (ciasteczek) naraz na wysokim poziomie przez około 2 minuty, aż staną się twarde.

Ciasteczka mikrofalowe Sultana

24 temu

225 g/8 uncji/2 szklanki mąki zwykłej (uniwersalnej)

5 ml/1 łyżeczka mielonych przypraw (szarlotka)

6 uncji/175 g/¾ szklanki masła lub margaryny, miękkiej

100 g/4 uncji/2/3 szklanki sułtanek (złotych rodzynek)

175 g/6 uncji/¾ szklanki cukru demerara

Wymieszaj mąkę i wymieszane przyprawy, następnie dodaj masło lub margarynę, rodzynki i 100 g/4 uncji/½ szklanki cukru, aby uzyskać miękkie ciasto. Uformuj dwie kiełbaski o długości około 18 cm i obtocz w pozostałym cukrze. Pokrój w plasterki i umieszczaj po sześć na raz na natłuszczonej blaszce do kuchenki mikrofalowej. Włącz kuchenkę mikrofalową na maksymalną moc przez 2 minuty. Studzimy na kratce i powtarzamy z pozostałymi ciastami (ciasteczkami).

Chleb bananowy z mikrofali

Na jeden bochenek o wadze 450 g/1 funt

75 g / 3 uncje / 1/3 szklanki miękkiego masła lub margaryny

175 g/6 uncji/¾ szklanki cukru pudru (drobnego)

2 jajka, lekko ubite

200 g/7 uncji/1 ¾ szklanki mąki zwykłej (uniwersalnej)

10 ml/2 łyżeczki proszku do pieczenia

2,5 ml/½ łyżeczki sody oczyszczonej (soda oczyszczona)

szczypta soli

2 dojrzałe banany

15 ml/1 łyżka soku z cytryny

60 ml/4 łyżki mleka

50 g/2 uncji/½ szklanki posiekanych orzechów włoskich

Masło lub margarynę utrzeć z cukrem na jasną i puszystą masę. Stopniowo ubijaj jajka, następnie dodaj mąkę, proszek do pieczenia, sodę oczyszczoną i sól. Rozgnieć banany z sokiem z cytryny, następnie dodaj je do mieszanki z mlekiem i orzechami włoskimi. Wlać do natłuszczonej i oprószonej mąką formy o gramaturze 450 g/1 funt, którą można używać w kuchence mikrofalowej i wstawić do mikrofalówki na maksymalną moc przez 12 minut. Wyjmij z piekarnika, przykryj folią aluminiową i odstaw do ostygnięcia na 10 minut, następnie przełóż na metalową kratkę, aby dokończyć studzenie.

Chleb serowy z mikrofali

Na jeden bochenek o wadze 450 g/1 funt

50 g/2 uncje/¼ szklanki masła lub margaryny

250 ml/8 uncji/1 szklanka mleka

2 jajka, lekko ubite

225 g/8 uncji/2 szklanki mąki zwykłej (uniwersalnej)

10 ml/2 łyżeczki proszku do pieczenia

10 ml/2 łyżeczki musztardy w proszku

2,5 ml/½ łyżeczki soli

175 g / 1½ szklanki startego sera Cheddar

Rozpuść masło lub margarynę w małej misce na dużym ogniu przez 1 minutę. Dodaj mleko i jajka. Wymieszaj mąkę, proszek do pieczenia, musztardę, sól i 100 g/4 uncji/1 szklankę sera. Dodaj mieszaninę mleka, aż dobrze się wymiesza. Wlać do formy do pieczenia (patelni) nadającej się do kuchenki mikrofalowej i wstawić do kuchenki mikrofalowej na maksymalną moc przez 9 minut. Posypać pozostałym serem, przykryć folią aluminiową i odstawić na 20 minut.

Chleb orzechowy z mikrofali

Na jeden bochenek o wadze 450 g/1 funt

225 g/8 uncji/2 szklanki mąki zwykłej (uniwersalnej)

300 g/10 uncji/1 ¼ szklanki cukru pudru (drobnego)

5ml/1 łyżeczka proszku do pieczenia

szczypta soli

100 g miękkiego masła lub margaryny

150 ml/¼ pt./2/3 szklanki mleka

2,5 ml/½ łyżeczki esencji waniliowej (ekstrakt)

4 białka jaj

50 g/2 uncji/½ szklanki posiekanych orzechów włoskich

Wymieszaj mąkę, cukier, proszek do pieczenia i sól. Dodać masło lub margarynę, następnie mleko i esencję waniliową. Białka ubijamy na kremową masę, następnie dodajemy orzechy włoskie. Wlać do natłuszczonej i oprószonej mąką formy o gramaturze 450 g/1 funt, którą można używać w kuchence mikrofalowej i wstawić do mikrofalówki na maksymalną moc prcz 12 minut. Wyjmij z piekarnika, przykryj folią aluminiową i odstaw do ostygnięcia na 10 minut, następnie przełóż na metalową kratkę, aby dokończyć studzenie.

Ciasto Amaretti bez piekarnika

Na ciasto o średnicy 20 cm

100 g/4 uncje/½ szklanki masła lub margaryny

175 g naturalnej czekolady (półsłodkiej)

75 g/3 uncji herbatników Amaretti (herbatniki), grubo pokruszonych

175 g/6 uncji/1½ szklanki posiekanych orzechów włoskich

50 g/2 uncje/½ szklanki orzeszków piniowych

75 g/1/3 szklanki glazurowanych wiśni (kandowanych), posiekanych

30 ml/2 łyżki Grand Marnier

225 g/8 uncji/1 szklanka serka mascarpone

Rozpuść masło lub margarynę i czekoladę w żaroodpornej misce ustawionej nad garnkiem z gotującą się wodą. Zdjąć z ognia i dodać ciasteczka, orzechy i wiśnie. Przelać do wyłożonej folią spożywczą formy kanapkowej (patelni) i delikatnie docisnąć. Schładzaj przez 1 godzinę, aż zastygnie. Połóż na talerzu i usuń przezroczystą folię. Wymieszaj Grand Marnier z serkiem Mascarpone i polej nim bazę.

Chrupiące amerykańskie batoniki ryżowe

Wychodzi około 24 taktów.

50 g/2 uncje/¼ szklanki masła lub margaryny

225 g/8 uncji białych pianek marshmallow

5 ml/1 łyżeczka esencji waniliowej (ekstrakt)

150 g/5 uncji/5 filiżanek dmuchanych płatków ryżowych

Rozpuść masło lub margarynę na dużej patelni na małym ogniu. Dodać pianki i gotować, ciągle mieszając, aż pianki się rozpuszczą i masa uzyska syropową konsystencję. Zdjąć z ognia i dodać esencję waniliową. Dodaj płatki ryżowe, aż będą równomiernie pokryte. Wciśnij do kwadratowej formy o średnicy 23 cm i pokrój w batony. Pozwól odpocząć.

Kwadraty morelowe

12 temu

50 g/2 uncje/¼ szklanki masła lub margaryny

175 g/6 uncji/1 mała puszka mleka skondensowanego

15 ml/1 łyżka jasnego miodu

45 ml/3 łyżki soku jabłkowego

50 g/2 uncji/¼ szklanki jasnego brązowego cukru

50 g/2 uncji/1/3 szklanki sułtanek (złotych rodzynek)

225 g/8 uncji/11/3 szklanki gotowych do spożycia suszonych moreli, posiekanych

100 g / 4 uncje / 1 szklanka wiórków kokosowych (tartych)

225 g/8 uncji/2 filiżanek płatków owsianych

Masło lub margarynę rozpuść z mlekiem, miodem, sokiem jabłkowym i cukrem. Wymieszaj z pozostałymi składnikami. Włóż do natłuszczonej formy do pieczenia o średnicy 25 cm/12 cali i ostudź przed pocięciem na kwadraty.

Morelowe ciasto szwajcarskie

Na ciasto o średnicy 23 cm

400 g/14 uncji/1 duża puszka połówek moreli, odsączonych i zachowanego soku

50 g/2 uncje/½ szklanki budyniu w proszku

75 g żelatyny morelowej (przezroczysta konfitura)

75 g/3 uncji/½ szklanki gotowych do spożycia suszonych moreli, posiekanych

400 g/14 uncji/1 duża puszka skondensowanego mleka

225 g/8 uncji/1 szklanka twarogu

45 ml/3 łyżki soku z cytryny

1 bułka szwajcarska, pokrojona w plasterki

Przygotuj sok morelowy z wodą, aby otrzymać 500 ml/2¼ filiżanki. Zmiksuj budyń w proszku na pastę z odrobiną płynu, a resztę zagotuj. Dodaj budyń i galaretkę morelową i gotuj na małym ogniu, aż masa będzie gęsta i błyszcząca, ciągle mieszając. Zmiel morele z puszki i dodaj je do mieszanki z suszonymi morelami. Pozostawić do ostygnięcia, od czasu do czasu mieszając.

Wymieszaj skondensowane mleko, twarożek i sok z cytryny, aż dobrze się wymieszają, a następnie wymieszaj z mieszaniną żelatyny. Formę do ciasta o średnicy 23 cm wyłóż folią spożywczą i połóż plasterki bułki szwajcarskiej (galaretki) na dnie i bokach formy. Wlać mieszaninę ciasta i schłodzić, aż stwardnieje. Ostrożnie wyjmij z formy, gdy będzie gotowy do podania.

Połamane Ciasteczka

12 temu

100 g/4 uncje/½ szklanki masła lub margaryny

30 ml/2 łyżki cukru pudru (drobnego)

15 ml/1 łyżka golden syropu (jasna kukurydza)

30 ml/2 łyżki proszku kakaowego (niesłodzonej czekolady).

225 g/8 uncji/2 filiżanek pokruszonych ciasteczek

50 g/2 uncji/1/3 szklanki sułtanek (złotych rodzynek)

Rozpuść masło lub margarynę z cukrem i syropem, nie doprowadzając do wrzenia. Dodać kakao, ciasteczka i rodzynki. Włóż do natłuszczonej formy do pieczenia (blacha) o średnicy 25 cm/10, poczekaj, aż ostygnie, a następnie schłodź, aż ciasto będzie twarde. Pokrój w kwadraty.

Ciasto maślane bez pieczenia

Na ciasto o średnicy 23 cm

30 ml/2 łyżki budyniu w proszku

100 g/4 uncji/½ szklanki cukru pudru (bardzo drobnego)

450 ml/¾ pt/2 szklanki mleka

175 ml/6 uncji/¾ szklanki maślanki

25 g/1 uncja/2 łyżki masła lub margaryny

400 g zwykłych herbatników (ciasteczek), pokruszonych

120 ml/4 uncji/½ szklanki śmietanki do ubijania

Wymieszaj śmietanę cukierniczą z cukrem, aż uzyskasz pastę z odrobiną mleka. Pozostałe mleko zagotuj. Wymieszaj go z makaronem, następnie całą mieszaninę przełóż na patelnię i mieszaj na małym ogniu przez około 5 minut, aż zgęstnieje. Dodać maślankę i masło lub margarynę. Włóż pokruszone ciasteczka i mieszankę kremu do tortownicy o średnicy 23 cm wyłożonej folią lub do szklanego naczynia. Delikatnie dociśnij i ostudź, aż masa zastygnie. Śmietanę ubić na sztywną pianę, następnie na wierzch ciasta ułożyć kremowe różyczki. Podawać z talerza lub ostrożnie podnosić przed podaniem.

plasterek kasztana

Na jeden bochenek o wadze 900 g/2 funty

225 g/2 filiżanki naturalnej czekolady (półsłodkiej)

100 g miękkiego masła lub margaryny

100 g/4 uncji/½ szklanki cukru pudru (bardzo drobnego)

450 g/1 funt/1 duża puszka niesłodzonego puree z kasztanów

25 g/1 uncja/¼ szklanki mąki ryżowej

Kilka kropli esencji waniliowej (ekstrakt)

150 ml/¼ pt/2/3 szklanki bitej śmietanki, ubitej

Tarta czekolada do dekoracji

Naturalną czekoladę rozpuść w żaroodpornej misce ustawionej na rondlu z gotującą się wodą. Masło lub margarynę utrzeć z cukrem na jasną i puszystą masę. Dodać puree z kasztanów, czekoladę, mąkę ryżową i esencję waniliową. Przełożyć do natłuszczonej i wyłożonej papierem formy do pieczenia o masie 900 g i schłodzić, aż ciasto będzie twarde. Przed podaniem udekorować bitą śmietaną i startą czekoladą.

Ciasto Kasztanowe

Na ciasto o masie 900 g/2 funty

Na ciasto:

400 g/14 uncji/1 duża puszka słodzonego puree z kasztanów

100 g miękkiego masła lub margaryny

1 jajko

Kilka kropli esencji waniliowej (ekstrakt)

30 ml/2 łyżki brandy

24 biszkopty (ciasteczka)

Do glazury:

30 ml/2 łyżki proszku kakaowego (niesłodzonej czekolady).

15 ml/1 łyżka cukru pudru (drobnego)

30ml/2 łyżki wody

Na krem maślany:

100 g miękkiego masła lub margaryny

100 g/4 uncji/2/3 szklanki przesianego cukru pudru

15 ml/1 łyżka esencji kawowej (ekstraktu)

Aby przygotować ciasto, połącz puree z kasztanów, masło lub margarynę, jajko, esencję waniliową i 15 ml/1 łyżkę brandy i wymieszaj na gładką masę. Natłuścić i wyłożyć formę do pieczenia chleba o wadze 900 g/2 funty, a następnie wyłożyć spód i boki palcami biszkoptowymi. Posyp ciasteczka pozostałą brandy i wlej mieszaninę kasztanów na środek. Schłodzić, aż będzie twarde. Wyjmij z formy i usuń papierową wyściółkę. Składniki glazury rozpuścić w żaroodpornej misce ustawionej nad garnkiem z gotującą się wodą, wymieszać do uzyskania gładkiej masy. Pozostawić do ostygnięcia, a następnie posmarować większość lukru wierzchem ciasta. Ubij składniki kremu na gładką masę, a następnie wyciśnij rurkę wokół krawędzi ciasta. Na koniec skrop zarezerwowaną glazurą.

Batony czekoladowe i migdałowe

12 temu

175 g/6 uncji/1½ szklanki naturalnej czekolady (półsłodkiej), posiekanej

3 jajka, oddzielone

120 ml/4 uncji/½ szklanki mleka

10 ml/2 łyżeczki żelatyny w proszku

120 ml/4 uncji/½ szklanki śmietanki podwójnej (ciężkiej)

45 ml/3 łyżki cukru pudru (drobnego)

60 ml/4 łyżki płatków migdałowych (w plasterkach), prażonych

Rozpuść czekoladę w żaroodpornej misce ustawionej nad garnkiem z gotującą się wodą. Zdjąć z ognia i ubić żółtka. W osobnym rondlu zagotuj mleko, następnie dodaj żelatynę. Wymieszać z masą czekoladową, następnie dodać śmietankę. Białka ubijamy na sztywną pianę, następnie dodajemy cukier i ponownie ubijamy, aż masa będzie sztywna i błyszcząca. Dodaj do mieszanki. Wlać do natłuszczonej i wyłożonej papierem formy do pieczenia chleba o gramaturze 450 g, posypać prażonymi migdałami i pozostawić do ostygnięcia, następnie chłodzić przez co najmniej 3 godziny, aż ciasto stwardnieje. Odwróć się i pokrój w grube plasterki, aby podać.

Chrupiące ciasto czekoladowe

Na jeden bochenek o wadze 450 g/1 funt

150 g/5 uncji/2/3 szklanki masła lub margaryny
30 ml/2 łyżki golden syropu (jasna kukurydza)

175 g / 6 uncji / 1 ½ szklanki okruchów herbatników trawiennych (krakers Graham)

50 g/2 uncje/2 szklanki dmuchanych płatków ryżowych

25 g sułtanek (złotych rodzynek)

1 uncja/25 g/2 łyżki glazurowanych wiśni (kandowanych), posiekanych

225 g/8 uncji/2 filiżanek kawałków czekolady

30ml/2 łyżki wody

175 g/6 uncji/1 szklanka przesianego cukru pudru

Rozpuść 100 g masła lub margaryny z syropem, następnie zdejmij z ognia i dodaj pokruszone ciasteczka, płatki zbożowe, rodzynki, wiśnie i trzy czwarte kawałków czekolady. Wlać do natłuszczonej i wyłożonej papierem formy do pieczenia chleba o gramaturze 450 g/1 funt i wygładzić wierzch. Schłodzić, aż będzie twarde. Rozpuść pozostałe masło lub margarynę z pozostałą czekoladą i wodą. Dodaj cukier puder i mieszaj, aż masa będzie gładka. Wyjmij ciasto z formy i przekrój je wzdłuż na pół. Połowę polewy czekoladowej (lukier) połóż na talerzu i polej pozostałą polewą. Ostudzić przed podaniem.

Kwadraty z kawałkami czekolady

około 24 temu

225 g herbatników pełnoziarnistych (krakersy Graham)

100 g/4 uncje/½ szklanki masła lub margaryny

25 g/1 uncja/2 łyżki cukru pudru (drobnego)

15 ml/1 łyżka golden syropu (jasna kukurydza)

45 ml/3 łyżki proszku kakaowego (niesłodzonej czekolady).

200 g/7 uncji/1¾ szklanki polewy czekoladowej do ciasta

Umieść ciasteczka w plastikowej torbie i rozgnieć je wałkiem do ciasta. Na patelni roztapiamy masło lub margarynę, następnie dodajemy cukier i syrop. Zdjąć z ognia i dodać bułkę tartą oraz kakao. Przełóż do natłuszczonej i wyłożonej papierem kwadratowej formy o wymiarach 18 cm/7 i równomiernie dociśnij. Pozostawić do ostygnięcia, następnie schłodzić w lodówce, aż zastygnie.

Rozpuść czekoladę w żaroodpornej misce ustawionej nad garnkiem z gotującą się wodą. Rozsmaruj na ciastku, zaznaczając linie widelcem, gdy zastygnie. Gdy stwardnieją, pokroić w kwadraty.

Ciasto Czekoladowe z lodówki

Na jedno ciasto o wadze 450 g/1 funt

100 g miękkiego brązowego cukru

100 g/4 uncje/½ szklanki masła lub margaryny

50 g/2 uncji/½ szklanki pitnej czekolady w proszku

25 g/1 uncja/¼ szklanki proszku kakaowego (niesłodzonej czekolady).

30 ml/2 łyżki golden syropu (jasna kukurydza)

150 g herbatników pełnoziarnistych (krakersy Grahama) lub herbatników bogatych w herbatę

2 uncje/50 g/¼ szklanki glazurowanych wiśni (kandowanych) lub mieszanki orzechów i rodzynek

100 g/4 uncje/1 filiżanka mlecznej czekolady

Cukier, masło lub margarynę, czekoladę pitną, kakao i syrop umieścić w rondlu i delikatnie podgrzewać, aż masło się rozpuści, dobrze mieszając. Zdjąć z ognia i pokruszyć na ciasteczka. Dodaj wiśnie lub orzechy włoskie i rodzynki i włóż łyżką do foremki o masie 450 g/1 funt. Pozostawić w lodówce do ostygnięcia.

Czekoladę rozpuścić w żaroodpornej misce ustawionej nad garnkiem z gotującą się wodą. Posmaruj wierzch ostudzonego ciasta i pokrój, gdy będzie gotowe.

Ciasto czekoladowo-owocowe

Na ciasto o średnicy 18 cm

100 g roztopionego masła lub margaryny

100 g miękkiego brązowego cukru

225 g / 8 uncji / 2 szklanki okruchów herbatników trawiennych (krakers Graham)

50 g/2 uncji/1/3 szklanki sułtanek (złotych rodzynek)

45 ml/3 łyżki proszku kakaowego (niesłodzonej czekolady).

1 ubite jajko

Kilka kropli esencji waniliowej (ekstrakt)

Masło lub margarynę wymieszać z cukrem, następnie dodać pozostałe składniki i dobrze ubić. Wlać do natłuszczonej formy na kanapki o średnicy 18 cm i wygładzić powierzchnię. Studzimy do momentu ustawienia.

Kwadraty z czekoladą i imbirem

24 temu

100 g/4 uncje/½ szklanki masła lub margaryny

100 g miękkiego brązowego cukru

30 ml/2 łyżki proszku kakaowego (niesłodzonej czekolady).

1 jajko, lekko ubite

225 g/8 uncji/2 filiżanek okruszków piernikowych

15 ml/1 łyżka posiekanego, krystalizowanego (kandyzowanego) imbiru

Rozpuść masło lub margarynę, następnie dodaj cukier i kakao, aż dobrze się wymieszają. Wymieszaj jajko, bułkę tartą i imbir. Wciśnij do szwajcarskiej formy do bułek (forma do bułek z galaretką) i schłódź, aż będzie twarda. Pokrój w kwadraty.

Luksusowe kwadraty z czekoladą i imbirem

24 temu

100 g/4 uncje/½ szklanki masła lub margaryny

100 g miękkiego brązowego cukru

30 ml/2 łyżki proszku kakaowego (niesłodzonej czekolady).

1 jajko, lekko ubite

225 g/8 uncji/2 filiżanek okruszków piernikowych

15 ml/1 łyżka posiekanego, krystalizowanego (kandyzowanego) imbiru

100 g/4 uncje/1 filiżanka naturalnej czekolady (półsłodkiej)

Rozpuść masło lub margarynę, następnie dodaj cukier i kakao, aż dobrze się wymieszają. Wymieszaj jajko, bułkę tartą i imbir. Wciśnij do szwajcarskiej formy do bułek (forma do bułek z galaretką) i schłódź, aż będzie twarda.

Rozpuść czekoladę w żaroodpornej misce ustawionej nad garnkiem z gotującą się wodą. Posmaruj ciasto i daj mu odpocząć. Pokrój w kwadraty, gdy czekolada będzie już prawie twarda.

Ciasteczka Czekoladowe Miodowe

12 temu

225 g/8 uncji/1 szklanka masła lub margaryny

30 ml/2 łyżki jasnego miodu

90 ml/6 łyżek proszku karobowego lub kakaowego (niesłodzonej czekolady).

225 g/8 uncji/2 szklanki bułki tartej

Rozpuść masło lub margarynę, miód i proszek karobowy lub kakao w rondlu, aż dobrze się wymieszają. Wymieszać z okruchami ciasteczek. Wylać do natłuszczonej kwadratowej formy o średnicy 20 cm/8 (blacha) i pozostawić do ostygnięcia, a następnie pokroić w kwadraty.

Piętrowe ciasto czekoladowe

Na jedno ciasto o wadze 450 g/1 funt

300 ml/½ porcji/1¼ filiżanki śmietanki kremowej (ciężkiej)

8 uncji/225 g/2 filiżanek naturalnej czekolady (półsłodkiej), połamanej

5 ml/1 łyżeczka esencji waniliowej (ekstrakt)

20 prostych ciasteczek (ciasteczek)

W rondelku podgrzej śmietanę na małym ogniu, aż prawie się zagotuje. Zdjąć z ognia, dodać czekoladę, wymieszać, przykryć i odstawić na 5 minut. Dodaj esencję waniliową i mieszaj, aż dobrze się połączą, a następnie schładzaj, aż mieszanina zacznie gęstnieć.

Formę do pieczenia chleba o gramaturze 450 g/1 funt (blachę) wyłóż folią spożywczą (folią). Na spód wykładamy warstwę czekolady, na wierzch układamy ciasteczka. Kontynuuj układanie kolejnych warstw czekolady i ciastek, aż do ich wyczerpania. Zakończ warstwą czekolady. Przykryj folią spożywczą i wstaw do lodówki na co najmniej 3 godziny. Rozłóż ciasto i usuń przezroczystą folię.

Dobre batony czekoladowe

12 temu

100 g/4 uncje/½ szklanki masła lub margaryny

30 ml/2 łyżki golden syropu (jasna kukurydza)

30 ml/2 łyżki proszku kakaowego (niesłodzonej czekolady).

8 uncji/225 g/1 opakowanie ładnych lub zwykłych herbatników (ciasteczek), grubo pokruszonych

100 g naturalnej czekolady (półsłodkiej) pokrojonej w kostkę

Rozpuść masło lub margarynę z syropem, następnie zdejmij z ognia i dodaj kakao oraz pokruszone ciasteczka. Rozłóż mieszaninę w kwadratowej formie do ciasta o średnicy 23 cm i wyrównaj powierzchnię. Czekoladę rozpuścić w żaroodpornej misce ustawionej na garnku z gotującą się wodą i posmarować nią wierzch. Lekko ostudzić, następnie pokroić w batoniki lub kwadraty i schłodzić, aż stwardnieje.

Czekoladowe Praliny Kwadraty

12 temu

100 g/4 uncje/½ szklanki masła lub margaryny

30 ml/2 łyżki cukru pudru (drobnego)

15 ml/1 łyżka golden syropu (jasna kukurydza)

15 ml/1 łyżka stołowa czekolady pitnej w proszku

225 g herbatników pełnoziarnistych (krakersy Graham), pokruszonych

200 g naturalnej czekolady (półsłodkiej)

100 g/4 uncje/1 szklanka posiekanych mieszanych orzechów

W rondelku rozpuść masło lub margarynę, cukier, syrop i czekoladę pitną. Doprowadzić do wrzenia, następnie gotować przez 40 sekund. Zdjąć z ognia i dodać krakersy i orzechy. Wciśnij do natłuszczonej formy do ciasta (blachy) o wymiarach 28 x 18 cm/11 x 7 cali. Czekoladę rozpuścić w żaroodpornej misce ustawionej nad garnkiem z gotującą się wodą. Rozłóż na ciasteczkach i pozostaw do ostygnięcia, a następnie schładzaj przez 2 godziny przed pocięciem na kwadraty.

Chrupki kokosowe

12 temu

100 g/4 uncje/1 filiżanka naturalnej czekolady (półsłodkiej)

30ml/2 łyżki mleka

30 ml/2 łyżki golden syropu (jasna kukurydza)

100 g/4 uncje/4 szklanki dmuchanych płatków ryżowych

50 g/2 uncji/½ szklanki suszonego kokosa (tartego)

W rondelku rozpuść czekoladę, mleko i syrop. Zdjąć z ognia i dodać płatki zbożowe i kokos. Wylać do papierowych papilotek (papierowych papilotek) i pozostawić do zastygnięcia.

Chrupiące batony

12 temu

175 g/6 uncji/¾ szklanki masła lub margaryny

50 g/2 uncji/¼ szklanki jasnego brązowego cukru

30 ml/2 łyżki golden syropu (jasna kukurydza)

45 ml/3 łyżki proszku kakaowego (niesłodzonej czekolady).

75 g rodzynek lub rodzynek (złotych rodzynek)

350 g/12 uncji/3 filiżanek chrupiących płatków owsianych

225 g/2 filiżanki naturalnej czekolady (półsłodkiej)

Rozpuść masło lub margarynę z cukrem, syropem i kakao. Dodaj rodzynki lub rodzynki i płatki zbożowe. Wciśnij mieszaninę do natłuszczonej formy do pieczenia o średnicy 25 cm. Czekoladę rozpuścić w żaroodpornej misce ustawionej nad garnkiem z gotującą się wodą. Rozłóż na batonach i poczekaj, aż ostygną, a następnie ostudź przed pocięciem na batony.

Chrupiący kokos i rodzynki

12 temu

100 g/4 uncje/1 filiżanka białej czekolady

30ml/2 łyżki mleka

30 ml/2 łyżki golden syropu (jasna kukurydza)

175 g/6 uncji/6 filiżanek dmuchanych płatków ryżowych

50 g rodzynek

W rondelku rozpuść czekoladę, mleko i syrop. Zdjąć z ognia i dodać płatki i rodzynki. Wylać do papierowych papilotek (papierowych papilotek) i pozostawić do zastygnięcia.

Kawa z kwadratami mleka

20 temu

25 g/1 uncja/2 łyżki żelatyny w proszku

75 ml/5 łyżek zimnej wody

225 g/8 uncji/2 filiżanek bułki tartej naturalnego biszkoptu

50 g roztopionego masła lub margaryny

400 g/14 uncji/1 duża puszka mleka skondensowanego

150 g/5 uncji/2/3 szklanki cukru pudru (drobnego)

400 ml/14 uncji/1¾ filiżanki mocnej czarnej kawy, mrożonej

Do dekoracji bita śmietana i plasterki kandyzowanej pomarańczy

W misce zalej żelatynę wodą i pozostaw, aż będzie puszysta. Pojemnik wstawić do garnka z gorącą wodą i pozostawić do rozpuszczenia. Lekko ostudzić. Wymieszaj okruchy herbatników z roztopionym masłem i wciśnij spód i boki natłuszczonej prostokątnej formy do ciasta o wymiarach 30 x 20 cm. Ubijaj skondensowane mleko, aż będzie gęste, następnie stopniowo dodawaj cukier, a następnie rozpuszczoną żelatynę i kawę. Wylać na bazę i schłodzić, aż zastygnie. Pokrój w kwadraty i udekoruj bitą śmietaną i plasterkami kandyzowanej pomarańczy.

Ciasto owocowe bez pieczenia

Na ciasto o średnicy 23 cm

450 g/1 funt/2 2/3 szklanki mieszanki suszonych owoców (mieszanka ciast owocowych)

450 g/1 funt zwykłych herbatników (ciasteczek), pokruszonych

100 g roztopionego masła lub margaryny

100 g miękkiego brązowego cukru

400 g/14 uncji/1 duża puszka skondensowanego mleka

5 ml/1 łyżeczka esencji waniliowej (ekstrakt)

Mieszaj wszystkie składniki, aż zostaną dobrze wymieszane. Przełóż łyżką do natłuszczonej formy do ciasta o średnicy 23 cm (blachy) wyłożonej folią spożywczą (folią plastikową) i dociśnij. Schłodzić, aż będzie twarde.

Owocowe Kwadraty

około 12 temu

100 g/4 uncje/½ szklanki masła lub margaryny

100 g miękkiego brązowego cukru

400 g/14 uncji/1 duża puszka skondensowanego mleka

5 ml/1 łyżeczka esencji waniliowej (ekstrakt)

250 g/9 uncji/1½ szklanki mieszanki suszonych owoców (mieszanka ciast owocowych)

100 g glazurowanych wiśni (kandyzowanych)

50 g/2 uncji/½ szklanki posiekanych mieszanych orzechów

400 g zwykłych herbatników (ciasteczek), pokruszonych

Na małym ogniu roztapiamy masło lub margarynę z cukrem. Dodać skondensowane mleko i esencję waniliową i zdjąć z ognia. Wymieszaj pozostałe składniki. Włóż do natłuszczonej formy do bułek szwajcarskich (formy do bułek z galaretką) i schładzaj przez 24 godziny, aż masa będzie twarda. Pokrój w kwadraty.

Chrupki owocowe i błonnikowe

12 temu

100 g/4 uncje/1 filiżanka naturalnej czekolady (półsłodkiej)

50 g/2 uncje/¼ szklanki masła lub margaryny

15 ml/1 łyżka golden syropu (jasna kukurydza)

100 g płatków śniadaniowych z owocami i błonnikiem

Czekoladę rozpuścić w żaroodpornej misce ustawionej nad garnkiem z gotującą się wodą. Masło lub margarynę utrzeć z syropem. Dodaj płatki. Przelać do papierowych papilotek (papierków do babeczek) i pozostawić do ostygnięcia i zastygnięcia.

Ciasto nugatowe

Na ciasto o masie 900 g/2 funty

15 g/½ uncji/1 łyżka żelatyny w proszku

100 ml/3½ uncji/6½ łyżek stołowych wody

1 opakowanie ciastek

8 uncji/225 g/1 szklanka miękkiego masła lub margaryny

50 g/2 uncji/¼ szklanki cukru pudru (bardzo drobnego)

400 g/14 uncji/1 duża puszka skondensowanego mleka

5 ml/1 łyżeczka soku z cytryny

5 ml/1 łyżeczka esencji waniliowej (ekstrakt)

5 ml/1 łyżeczka kremu z kamienia nazębnego

100 g/4 uncji/2/3 szklanki suszonych owoców mieszanych (mieszanka ciast owocowych), posiekanych

Wsyp żelatynę do wody w małej misce, a następnie umieść miskę w rondlu z gorącą wodą, aż żelatyna będzie przezroczysta. Ochłodź trochę. Formę do pieczenia o masie 900 g/2 funty wyłóż folią aluminiową tak, aby folia zakrywała górę formy, a następnie połóż połowę ciastek na spodzie. Masło lub margarynę i cukier ubić na kremową masę, następnie dodać wszystkie pozostałe składniki. Przelać do formy i na wierzchu ułożyć pozostałe ciasteczka. Przykryj folią aluminiową i połóż na wierzchu ciężarek. Schłodzić, aż będzie twarde.

Kwadraty mleka i gałki muszkatołowej

20 temu

Dla bazy:

225 g/8 uncji/2 filiżanek bułki tartej naturalnego biszkoptu

30 ml/2 łyżki miękkiego brązowego cukru

2,5 ml/½ łyżeczki startej gałki muszkatołowej

100 g roztopionego masła lub margaryny

Do wypełnienia:

1,2 litra/2 pkt./5 szklanek mleka

25 g/1 uncja/2 łyżki masła lub margaryny

2 jajka, oddzielone

225 g/8 uncji/1 szklanka cukru pudru (bardzo drobnego)

100 g/4 uncje/1 szklanka mąki kukurydzianej (skrobi kukurydzianej)

50 g/2 uncji/½ szklanki mąki zwykłej (uniwersalnej)

5ml/1 łyżeczka proszku do pieczenia

Szczypta startej gałki muszkatołowej

starta gałka muszkatołowa do posypania

Aby przygotować spód, wymieszaj okruszki ciastek, cukier i gałkę muszkatołową z roztopionym masłem lub margaryną i wciśnij spód natłuszczonej formy do ciasta o wymiarach 30 x 20 cm.

Aby przygotować nadzienie, zagotuj 1 litr/1¾ części/4¼ szklanki mleka w dużym rondlu. Dodaj masło lub margarynę. Żółtka ubić z pozostałym mlekiem. Wymieszaj cukier, mąkę kukurydzianą, mąkę, proszek do pieczenia i gałkę muszkatołową. Ubij trochę wrzącego mleka z żółtkami jaj, aż uzyska konsystencję pasty, następnie wymieszaj pastę z wrzącym mlekiem, ciągle mieszając na małym ogniu przez kilka minut, aż zgęstnieje. Wyjdź z ognia. Białka ubijamy na sztywną pianę, następnie łączymy je z masą. Wylać na spód i obficie posypać gałką muszkatołową. Ostudzić, następnie schłodzić i pokroić w kwadraty przed podaniem.

Chrupiące musli

Na około 16 kwadratów

400 g naturalnej czekolady (półsłodkiej)

45 ml/3 łyżki golden syropu (jasna kukurydza)

25 g/1 uncja/2 łyżki masła lub margaryny

Około 225 g/8 uncji/2/3 szklanki musli

Rozpuść połowę czekolady, syrop i masło lub margarynę. Stopniowo dodawaj tyle musli, aby uzyskać gęstą mieszankę. Wciśnij do natłuszczonej formy do bułek szwajcarskich (forma do bułek z galaretką). Rozpuść pozostałą czekoladę i wygładź ją na wierzchu. Przed pocięciem na kwadraty schładzamy w lodówce.

Kwadraty z musem pomarańczowym

20 temu

25 g/1 uncja/2 łyżki żelatyny w proszku

75 ml/5 łyżek zimnej wody

225 g/8 uncji/2 filiżanek bułki tartej naturalnego biszkoptu

50 g roztopionego masła lub margaryny

400 g/14 uncji/1 duża puszka mleka skondensowanego

150 g/5 uncji/2/3 szklanki cukru pudru (drobnego)

400 ml/14 uncji/1¾ szklanki soku pomarańczowego

Do dekoracji bita śmietana i cukierki czekoladowe

W misce zalej żelatynę wodą i pozostaw, aż będzie puszysta. Pojemnik wstawić do garnka z gorącą wodą i pozostawić do rozpuszczenia. Lekko ostudzić. Wymieszaj okruszki ciasteczek z roztopionym masłem i wyłóż je na spód i boki wysmarowanej tłuszczem płytkiej formy do ciasta o wymiarach 30 x 20 cm/12 x 8. Mleko ubić na gęstą masę, następnie stopniowo dodawać cukier, a następnie rozpuszczoną żelatynę i sok pomarańczowy. Wylać na bazę i schłodzić, aż zastygnie. Pokrój w kwadraty i udekoruj bitą śmietaną i cukierkami czekoladowymi.

Kwadraty Orzechowe

18 temu

225 g/8 uncji/2 filiżanek bułki tartej naturalnego biszkoptu

100 g roztopionego masła lub margaryny

8 uncji/225 g/1 szklanka chrupiącego masła orzechowego

25 g/1 uncja/2 łyżki glazurowanych wiśni (kandyzowanych)

25 g/1 uncja/3 łyżki porzeczek

Mieszaj wszystkie składniki, aż zostaną dobrze wymieszane. Włóż do natłuszczonej formy do pieczenia o średnicy 25 cm i ostudź, aż będzie twarde, a następnie pokrój w kwadraty.

Miętowe Ciasteczka Karmelowe

16 temu

400 g/14 uncji/1 duża puszka skondensowanego mleka

600 ml/1 porcja/2½ szklanki mleka

30 ml/2 łyżki budyniu w proszku

225 g / 8 uncji / 2 szklanki okruchów herbatników trawiennych (krakers Graham)

100 g/4 uncje/1 filiżanka miętowej czekolady, połamanej na kawałki

Umieść nieotwartą puszkę skondensowanego mleka w rondlu wypełnionym taką ilością wody, aby zakryła puszkę. Doprowadź do wrzenia, przykryj i gotuj na wolnym ogniu przez 3 godziny, w razie potrzeby uzupełniając wrzącą wodą. Pozostawić do ostygnięcia, następnie otworzyć puszkę i wyjąć cukierek.

Podgrzej 500 ml/2¼ szklanki mleka z karmelem, zagotuj i mieszaj, aż się rozpuści. Z pozostałego mleka wymieszaj proszek budyniowy na pastę, następnie wlej go na patelnię i kontynuuj gotowanie na małym ogniu, aż zgęstnieje, ciągle mieszając. Posyp połową bułki tartej spód natłuszczonej kwadratowej formy do ciasta o średnicy 20 cm, następnie wylej połowę kremu i posyp połową czekolady. Powtórz warstwy, a następnie pozostaw do ostygnięcia. Studzimy, następnie kroimy na porcje i podajemy.

Wafle ryżowe

24 temu

175 g jasnego miodu

225 g/8 uncji/1 szklanka granulowanego cukru

60ml/4 łyżki wody

350 g/12 uncji/1 opakowanie płatków ryżowych dmuchanych

100 g/4 uncje/1 filiżanka prażonych orzeszków ziemnych

W dużym rondlu rozpuścić miód, cukier i wodę, następnie odstawić na 5 minut do ostygnięcia. Dodaj płatki i orzeszki ziemne. Uformuj kulki, ułóż w papierowych foremkach do ciastek (papierowych papilotkach) i pozostaw do ostygnięcia.

Tofette z ryżem i czekoladą

Daje 225 g/8 uncji

50 g/2 uncje/¼ szklanki masła lub margaryny

30 ml/2 łyżki golden syropu (jasna kukurydza)

30 ml/2 łyżki proszku kakaowego (niesłodzonej czekolady).

60 ml/4 łyżki cukru pudru (drobnego)

50 g/2 uncje/½ szklanki mielonego ryżu

Rozpuść masło i syrop. Mieszaj kakao i cukier, aż się rozpuszczą, następnie dodaj zmielony ryż. Delikatnie doprowadzić do wrzenia, zmniejszyć ogień i gotować przez 5 minut, ciągle mieszając. Wlać do natłuszczonej i wyłożonej papierem kwadratowej formy o średnicy 20 cm i lekko ostudzić. Pokrój w kwadraty, a następnie pozostaw do całkowitego ostygnięcia przed wyjęciem z formy.

pasta migdałowa

Pokrywa górę i boki ciasta o średnicy 23 cm

225 g/8 uncji/2 filiżanek mielonych migdałów

8 uncji/225 g/11/3 szklanki przesianego cukru pudru

225 g/8 uncji/1 szklanka cukru pudru (bardzo drobnego)

2 jajka, lekko ubite

10 ml/2 łyżeczki soku z cytryny

Kilka kropli esencji migdałowej (ekstrakt)

Ubij migdały i cukier. Stopniowo mieszaj pozostałe składniki, aż uzyskasz gładką pastę. Zawiń w folię i ostudź przed użyciem.

Pasta migdałowa bez cukru

Pokrywa górę i boki ciasta o średnicy 15 cm

100 g/4 uncje/1 filiżanka mielonych migdałów

50 g/2 uncje/½ szklanki fruktozy

25 g/1 uncja/¼ szklanki mąki kukurydzianej (skrobi kukurydzianej)

1 jajko, lekko ubite

Wszystkie składniki blendujemy aż do uzyskania gładkiej pasty. Zawiń w folię i ostudź przed użyciem.

lukier królewski

Pokrywa górę i boki ciasta o średnicy 20 cm

5 ml/1 łyżeczka soku z cytryny

2 białka jaj

450 g/1 funt/22/3 szklanki cukru pudru, przesianego

5 ml/1 łyżeczka gliceryny (opcjonalnie)

Wymieszaj sok z cytryny i białka jaj i stopniowo dodawaj cukier puder, aż lukier (lukier) będzie gładki i biały i będzie pokrywał grzbiet łyżki. Kilka kropli gliceryny zapobiegnie nadmiernej łamliwości lukieru. Przykryj wilgotną ściereczką i odstaw na 20 minut, aby na powierzchnię wypłynęły pęcherzyki powietrza.

Lukier o tej konsystencji można wylać na ciasto i wygładzić nożem zamoczonym w gorącej wodzie. Do dekoracji dodaj dodatkową ilość cukru pudru, aby lukier był wystarczająco sztywny i trzymał się szczytów.

glazura bez cukru

Wystarczająco, aby przykryć ciasto o średnicy 15 cm

50 g/2 uncje/½ szklanki fruktozy

szczypta soli

1 białko jaja

2,5 ml/½ łyżeczki soku z cytryny

Przetwórz sproszkowaną fruktozę w robocie kuchennym, aż będzie tak drobna jak cukier puder. Wymieszać z solą. Przełożyć do żaroodpornej miski i wymieszać z białkiem i sokiem z cytryny. Miskę postaw na garnku z gotującą się wodą i kontynuuj ubijanie, aż powstanie sztywna piana. Zdejmij z ognia i ubijaj, aż ostygnie.

lukier kremowy

Wystarcza na pokrycie ciasta o średnicy 20 cm

450 g/1 funt/2 szklanki cukru pudru (drobnego) lub w kostkach

150 ml/¼ pt./2/3 szklanki wody

15 ml/1 łyżka płynnej glukozy lub 2,5 ml/½ łyżeczki kremu z kamienia nazębnego

W dużym rondlu o grubym dnie rozpuść cukier w wodzie i postaw na małym ogniu. Oczyść boki patelni szczoteczką zamoczoną w zimnej wodzie, aby zapobiec tworzeniu się kryształów. Krem z kamienia nazębnego rozpuścić w niewielkiej ilości wody, następnie wymieszać na patelni. Doprowadzić do wrzenia i stale gotować w temperaturze 115°C/242°F, kiedy kropla glazury po zanurzeniu w zimnej wodzie utworzy miękką kulę. Syrop powoli wlewaj do żaroodpornej miski i zostawiaj, aż uformuje się kożuch. Ubijaj glazurę drewnianą łyżką, aż stanie się nieprzezroczysta i twarda. Ugniataj, aż będzie gładkie. Przed użyciem podgrzej w żaroodpornej misce ustawionej nad garnkiem z gorącą wodą, aby w razie potrzeby zmiękła.

glazura maślana

Wystarczająco dużo, aby wypełnić i przykryć ciasto o średnicy 20 cm

100 g miękkiego masła lub margaryny

225 g/8 uncji/1 1/3 szklanki cukru pudru, przesianego

30ml/2 łyżki mleka

Masło lub margarynę utrzeć na puszystą masę. Stopniowo ubijaj cukier puder z mlekiem, aż masa będzie dobrze wymieszana.

Lukier Masło Czekoladowy

Wystarczająco dużo, aby wypełnić i przykryć ciasto o średnicy 20 cm

30 ml/2 łyżki proszku kakaowego (niesłodzonej czekolady).

15 ml/1 łyżka wrzącej wody

100 g miękkiego masła lub margaryny

8 uncji/225 g/11/3 szklanki przesianego cukru pudru

15 ml/1 łyżka mleka

Kakao wymieszać na pastę z wrzącą wodą i pozostawić do ostygnięcia. Masło lub margarynę utrzeć na puszystą masę. Stopniowo dodawaj cukier puder, mleko i kakao, aż składniki dobrze się wymieszają.

Lukier z masła z białej czekolady

Wystarczająco dużo, aby wypełnić i przykryć ciasto o średnicy 20 cm

100 g/4 uncje/1 filiżanka białej czekolady

100 g miękkiego masła lub margaryny

8 uncji/225 g/11/3 szklanki przesianego cukru pudru

15 ml/1 łyżka mleka

Czekoladę rozpuścić w żaroodpornej misce ustawionej nad garnkiem z gotującą się wodą, następnie lekko ostudzić. Masło lub margarynę utrzeć na puszystą masę. Stopniowo dodawaj cukier puder, mleko i czekoladę, aż składniki dobrze się wymieszają.

Lukier z masłem kawowym

Wystarczająco dużo, aby wypełnić i przykryć ciasto o średnicy 20 cm

100 g miękkiego masła lub margaryny

225 g/8 uncji/11/3 szklanki cukru pudru, przesianego

15 ml/1 łyżka mleka

15 ml/1 łyżka esencji kawowej (ekstraktu)

Masło lub margarynę utrzeć na gładką masę. Stopniowo dodawaj cukier puder, mleko i esencję kawową, aż składniki dobrze się wymieszają.

Glazura z masłem cytrynowym

Wystarczająco dużo, aby wypełnić i przykryć ciasto o średnicy 20 cm

100 g miękkiego masła lub margaryny

225 g/8 uncji/11/3 szklanki cukru pudru, przesianego

30 ml/2 łyżki soku z cytryny

otarta skórka z 1 cytryny

Masło lub margarynę utrzeć na gładką masę. Stopniowo dodawaj cukier puder, sok z cytryny i skórkę, aż składniki dobrze się wymieszają.

Lukier z masłem pomarańczowym

Wystarczająco dużo, aby wypełnić i przykryć ciasto o średnicy 20 cm

100 g miękkiego masła lub margaryny

225 g/8 uncji/11/3 szklanki cukru pudru, przesianego

30 ml/2 łyżki soku pomarańczowego

otarta skórka z 1 pomarańczy

Masło lub margarynę utrzeć na puszystą masę. Stopniowo dodawaj cukier puder, sok pomarańczowy i skórkę, aż składniki dobrze się wymieszają.

Lukier sernikowy

Wystarcza na pokrycie ciasta o średnicy 25 cm

75 g/3 uncji/1/3 szklanki serka śmietankowego

30 ml/2 łyżki masła lub margaryny

350 g/12 uncji/2 szklanki przesianego cukru pudru

5 ml/1 łyżeczka esencji waniliowej (ekstrakt)

Ser i masło lub margarynę ubić na jasną i puszystą masę. Stopniowo dodawaj cukier puder i esencję waniliową, aż uzyskasz gładką i kremową polewę.

pomarańczowa glazura

Wystarcza na pokrycie ciasta o średnicy 25 cm

250 g/9 uncji/1 ½ szklanki przesianego cukru pudru

30 ml/2 łyżki miękkiego masła lub margaryny

Kilka kropli esencji migdałowej (ekstrakt)

60 ml/4 łyżki soku pomarańczowego

Do miski wsypać cukier puder i wymieszać z masłem lub margaryną oraz esencją migdałową. Stopniowo dodawaj tyle soku pomarańczowego, aby uzyskać twardy lukier.

Dodatek likieru pomarańczowego

Wystarcza na pokrycie ciasta o średnicy 20 cm

100 g miękkiego masła lub margaryny

450 g/1 funt/22/3 szklanki cukru pudru, przesianego

60 ml/4 łyżki likieru pomarańczowego

15 ml/1 łyżka stołowa startej skórki pomarańczowej

Masło lub margarynę utrzeć z cukrem na jasną i puszystą masę. Dodaj tyle likieru pomarańczowego, aby uzyskać konsystencję nadającą się do smarowania, a następnie dodaj skórkę pomarańczową.

oszklony

Wystarcza na pokrycie ciasta o średnicy 20 cm

100 g/4 uncji/2/3 szklanki przesianego cukru pudru

25–30 ml/1½–2 łyżki wody

Kilka kropli barwnika spożywczego (opcjonalnie)

Do miski wsyp cukier i stopniowo dodawaj wodę, aż lukier będzie gładki. Jeśli chcesz, pokoloruj kilkoma kroplami barwnika spożywczego. Lukier stanie się nieprzezroczysty, jeśli zostanie rozsmarowany na zimnych ciastach lub przezroczysty, jeśli zostanie rozsmarowany na gorących ciastach.

Glazurowana polewa kawowa

Wystarcza na pokrycie ciasta o średnicy 20 cm

100 g/4 uncji/2/3 szklanki przesianego cukru pudru

25–30 ml/1½–2 łyżek bardzo mocnej czarnej kawy

Do miski wsyp cukier i stopniowo dodawaj kawę, aż lukier będzie gładki.

glazura cytrynowa

Wystarcza na pokrycie ciasta o średnicy 20 cm

100 g/4 uncji/2/3 szklanki przesianego cukru pudru

25–30 ml/1½–2 łyżki soku z cytryny

drobno starta skórka z 1 cytryny

Do miski wsyp cukier, dodaj sok z cytryny i skórkę po trochu, aż lukier będzie gładki.

Pomarańczowa glazura

Wystarcza na pokrycie ciasta o średnicy 20 cm

100 g/4 uncji/2/3 szklanki przesianego cukru pudru

25–30 ml/1½–2 łyżek soku pomarańczowego

Drobno starta skórka z 1 pomarańczy

Do miski wsyp cukier, dodaj sok pomarańczowy i skórkę po trochu, aż lukier będzie gładki.

Relacja Rona Glacé

Wystarcza na pokrycie ciasta o średnicy 20 cm

100 g/4 uncji/2/3 szklanki przesianego cukru pudru

25–30 ml/1½–2 łyżki rumu

Do miski wsyp cukier i stopniowo dodawaj rum, aż lukier będzie gładki.

lukier waniliowy

Wystarcza na pokrycie ciasta o średnicy 20 cm

100 g/4 uncji/2/3 szklanki przesianego cukru pudru

25 ml/1½ łyżki wody

Kilka kropli esencji waniliowej (ekstrakt)

Do miski wsyp cukier i stopniowo dodawaj wodę oraz ekstrakt waniliowy, aż lukier będzie gładki.

Gotowana polewka czekoladowa

Wystarcza do pokrycia ciasta o średnicy 23 cm

275 g/10 uncji/1 ¼ szklanki cukru pudru (bardzo drobnego)

100 g/4 uncje/1 filiżanka naturalnej czekolady (półsłodkiej)

50 g/2 uncji/¼ szklanki kakao (niesłodzonej czekolady) w proszku

120 ml/4 uncji/½ szklanki wody

Wszystkie składniki doprowadzić do wrzenia, mieszając, aż dobrze się wymieszają. Gotuj na średnim ogniu w temperaturze 108°C/220°F lub gdy po przeciągnięciu pomiędzy dwiema łyżeczkami uformuje się długa nić. Przelać do szerokiej miski i ubijać, aż masa będzie gęsta i błyszcząca.

Posypka czekoladowo-kokosowa

Wystarcza do pokrycia ciasta o średnicy 23 cm

175 g naturalnej czekolady (półsłodkiej)

90 ml/6 łyżek wrzącej wody

225 g/2 szklanki suszonego kokosa (tartego)

Zmiksuj czekoladę i wodę w blenderze lub robocie kuchennym, następnie dodaj kokos i miksuj na gładką masę. Posyp nim zwykłe ciasta, gdy są jeszcze ciepłe.

Nadzienie krówkowe

Wystarcza do pokrycia ciasta o średnicy 23 cm

50 g/2 uncje/¼ szklanki masła lub margaryny

45 ml/3 łyżki proszku kakaowego (niesłodzonej czekolady).

60 ml/4 łyżki mleka

425 g/15 uncji/2½ szklanki przesianego cukru pudru

5 ml/1 łyżeczka esencji waniliowej (ekstrakt)

W małym rondlu rozpuść masło lub margarynę, następnie dodaj kakao i mleko. Doprowadzić do wrzenia, ciągle mieszając, po czym zdjąć z ognia. Stopniowo dodawaj cukier i esencję waniliową i ubijaj, aż masa będzie gładka.

Nadzienie ze słodkiego serka śmietankowego

Wystarczająco, aby przykryć ciasto o średnicy 30 cm/12 cali

100 g/4 uncji/½ szklanki serka śmietankowego

25 g / 1 uncja / 2 łyżki miękkiego masła lub margaryny

350 g/12 uncji/2 szklanki przesianego cukru pudru

5 ml/1 łyżeczka esencji waniliowej (ekstrakt)

30 ml/2 łyżki jasnego miodu (opcjonalnie)

Serek śmietankowy ubić z masłem lub margaryną na jasną i puszystą masę. Stopniowo ubijaj cukier i esencję waniliową, aż masa będzie gładka. Jeśli lubisz, dosłódź odrobiną miodu.

Amerykański aksamitny lukier

Wystarcza na pokrycie dwóch ciast o średnicy 23 cm

175 g naturalnej czekolady (półsłodkiej)

120 ml/4 uncji/½ szklanki kwaśnej śmietany (mlecznej)

5 ml/1 łyżeczka esencji waniliowej (ekstrakt)

szczypta soli

400 g/14 uncji/21/3 szklanki cukru pudru, przesianego

Czekoladę rozpuścić w żaroodpornej misce ustawionej nad garnkiem z gotującą się wodą. Zdjąć z ognia i dodać śmietankę, esencję waniliową i sól. Stopniowo ubijaj cukier, aż masa będzie gładka.

glazura maślana

Wystarcza do pokrycia ciasta o średnicy 23 cm

50 g miękkiego masła lub margaryny

250 g/9 uncji/1 ½ szklanki przesianego cukru pudru

5 ml/1 łyżeczka esencji waniliowej (ekstrakt)

30 ml/2 łyżki pojedynczej śmietany (jasnej)

Masło lub margarynę ubić na puszystą masę, następnie stopniowo dodawać cukier, ekstrakt waniliowy i śmietanę, aż masa będzie gładka i kremowa.

Lukier Karmelowy

Wystarczająco dużo, aby wypełnić i przykryć ciasto o średnicy 23 cm

100 g/4 uncje/½ szklanki masła lub margaryny

225 g/8 uncji/1 filiżanka miękkiego brązowego cukru

60 ml/4 łyżki mleka

350 g/12 uncji/2 szklanki przesianego cukru pudru

Rozpuść masło lub margarynę z cukrem na małym ogniu, ciągle mieszając, aż składniki się połączą. Dodać mleko i doprowadzić do wrzenia. Zdjąć z ognia i ostudzić. Ubijaj cukier puder, aż uzyska konsystencję nadającą się do smarowania.

glazura cytrynowa

Wystarcza do pokrycia ciasta o średnicy 23 cm

25 g/1 uncja/2 łyżki masła lub margaryny

5 ml/1 łyżeczka otartej skórki z cytryny

30 ml/2 łyżki soku z cytryny

250 g/9 uncji/1 ½ szklanki przesianego cukru pudru

Masło lub margarynę utrzeć ze skórką cytrynową na jasną i puszystą masę. Stopniowo dodawaj sok z cytryny i cukier, aż masa będzie gładka.

Lukier Kawowy Maślany

Wystarczająco dużo, aby wypełnić i przykryć ciasto o średnicy 23 cm

1 białko jaja

75 g / 3 uncje / 1/3 szklanki miękkiego masła lub margaryny

30 ml/2 łyżki gorącego mleka

5 ml/1 łyżeczka esencji waniliowej (ekstrakt)

15 ml/1 łyżka kawy rozpuszczalnej granulowanej

szczypta soli

350 g / 12 uncji / 2 szklanki przesianego cukru pudru

Zmiksuj białko, masło lub margarynę, gorące mleko, esencję waniliową, kawę i sól. Stopniowo ubijaj cukier puder, aż masa będzie gładka.

Lukier Lady Baltimore

Wystarczająco dużo, aby wypełnić i przykryć ciasto o średnicy 23 cm

50 g/2 uncji/1/3 szklanki posiekanych rodzynek

2 uncje/50 g/¼ szklanki glazurowanych wiśni (kandowanych), posiekanych

50 g/2 uncji/½ szklanki posiekanych orzechów pekan

25 g/1 uncja/3 łyżki suszonych fig, posiekanych

2 białka jaj

350 g cukru pudru (drobnego)

Szczypta kremu z kamienia nazębnego

75 ml/5 łyżek zimnej wody

szczypta soli

5 ml/1 łyżeczka esencji waniliowej (ekstrakt)

Wymieszaj rodzynki, wiśnie, orzechy włoskie i figi. Białka jaj, cukier, krem z kamienia nazębnego, wodę i sól ubić w żaroodpornej misce ustawionej na rondlu z gotującą się wodą na około 5 minut, aż powstanie sztywna piana. Zdjąć z ognia i dodać esencję waniliową. Zmieszaj owoce z jedną trzecią kremu i wypełnij nim ciasto, a resztą posmaruj wierzch i boki ciasta.

biały lukier

Wystarcza do pokrycia ciasta o średnicy 23 cm

225 g/8 uncji/1 szklanka granulowanego cukru

1 białko jaja

30ml/2 łyżki wody

15 ml/1 łyżka golden syropu (jasna kukurydza)

W żaroodpornej misce ustawionej nad garnkiem z gotującą się wodą ubić cukier, białko i wodę. Kontynuuj ubijanie przez maksymalnie 10 minut, aż mieszanina zgęstnieje i uformuje twarde szczyty. Zdjąć z ognia i dodać syrop. Kontynuuj ubijanie, aż uzyskasz konsystencję nadającą się do smarowania.

Kremowo-biały lukier

Wystarczająco dużo, aby wypełnić i przykryć ciasto o średnicy 23 cm

75 ml/5 łyżek pojedynczej śmietany (jasnej)

5 ml/1 łyżeczka esencji waniliowej (ekstrakt)

75 g/3 uncji/1/3 szklanki serka śmietankowego

10 ml/2 łyżeczki miękkiego masła lub margaryny

szczypta soli

350 g/12 uncji/2 szklanki przesianego cukru pudru

Wymieszaj śmietanę, esencję waniliową, serek śmietankowy, masło lub margarynę i sól, aż masa będzie gładka. Stopniowo dodawaj cukier puder, aż masa będzie gładka.

Puszysty biały lukier

Wystarczająco dużo, aby wypełnić i przykryć ciasto o średnicy 23 cm

2 białka jaj

350 g cukru pudru (drobnego)

Szczypta kremu z kamienia nazębnego

75 ml/5 łyżek zimnej wody

szczypta soli

5 ml/1 łyżeczka esencji waniliowej (ekstrakt)

Białka jaj, cukier, krem z kamienia nazębnego, wodę i sól ubić w żaroodpornej misce ustawionej na rondlu z gotującą się wodą na około 5 minut, aż powstanie sztywna piana. Zdjąć z ognia i dodać esencję waniliową. Użyj go do ułożenia ciasta, a następnie rozsmaruj resztę na wierzchu i bokach ciasta.

Glazura z brązowego cukru

Wystarcza do pokrycia ciasta o średnicy 23 cm

225 g/8 uncji/1 filiżanka miękkiego brązowego cukru

1 białko jaja

30ml/2 łyżki wody

5 ml/1 łyżeczka esencji waniliowej (ekstrakt)

W żaroodpornej misce ustawionej nad garnkiem z gotującą się wodą ubić cukier, białko i wodę. Kontynuuj ubijanie przez maksymalnie 10 minut, aż mieszanina zgęstnieje i uformuje twarde szczyty. Zdjąć z ognia i dodać esencję waniliową. Kontynuuj ubijanie, aż uzyskasz konsystencję nadającą się do smarowania.

posypka waniliowa

Wystarczająco dużo, aby wypełnić i przykryć ciasto o średnicy 23 cm

1 białko jaja

75 g / 3 uncje / 1/3 szklanki miękkiego masła lub margaryny

30 ml/2 łyżki gorącego mleka

5 ml/1 łyżeczka esencji waniliowej (ekstrakt)

szczypta soli

350 g / 12 uncji / 2 szklanki przesianego cukru pudru

Zmiksuj białko, masło lub margarynę, gorące mleko, esencję waniliową i sól. Stopniowo ubijaj cukier puder, aż masa będzie gładka.

Krem waniliowy

Wystarcza na 600 ml/1 pkt/2½ filiżanki

100 g/4 uncji/½ szklanki cukru pudru (bardzo drobnego)

50 g/2 uncje/¼ szklanki mąki kukurydzianej (skrobi kukurydzianej)

4 żółtka

600 ml/1 porcja/2½ szklanki mleka

1 laska wanilii

Cukier puder, przesiany, do posypania

Połowę cukru ubić z mąką kukurydzianą i żółtkami na gładką masę. Zagotuj pozostały cukier i mleko z laską wanilii. Wlać mieszaninę cukru do gorącego mleka, ponownie zagotować, ciągle mieszając, i gotować przez 3 minuty, aż zgęstnieje. Przelać do miski, posypać cukrem pudrem, aby nie utworzyła się skórka i odstawić do wystygnięcia. Przed użyciem ponownie ubić.

nadzienie kremowe do ciasta

Wystarczająco, aby wypełnić ciasto o średnicy 23 cm

325 ml/11 uncji/11/3 szklanki mleka

45 ml/3 łyżki mąki kukurydzianej (skrobi kukurydzianej)

60 g/2½ uncji/1/3 szklanki cukru pudru (bardzo drobnego)

1 jajko

15 ml/1 łyżka masła lub margaryny

5 ml/1 łyżeczka esencji waniliowej (ekstrakt)

Zmiksuj 30 ml/2 łyżki mleka z mąką kukurydzianą, cukrem i jajkiem. W małym rondlu doprowadź pozostałe mleko do temperatury nieco poniżej temperatury wrzenia. Stopniowo dodawaj gorące mleko do masy jajecznej. Opłucz patelnię, następnie ponownie przełóż mieszaninę na patelnię i mieszaj na małym ogniu, aż zgęstnieje. Dodać masło lub margarynę i esencję waniliową. Przykryj pergaminem posmarowanym masłem i odstaw do ostygnięcia.

Duńskie nadzienie kremowe

Daje 750 ml/1¼ punktu/3 filiżanki

2 jajka

50 g/2 uncji/¼ szklanki cukru pudru (bardzo drobnego)

50 g/2 uncji/½ szklanki mąki zwykłej (uniwersalnej)

600 ml/1 porcja/2½ szklanki mleka

¼ laski wanilii

Jajka i cukier ubić na puszystą masę. Stopniowo dodawaj mąkę. Zagotuj mleko i laskę wanilii. Wyjmij laskę wanilii i dodaj mleko do masy jajecznej. Wróć na patelnię i gotuj przez 2-3 minuty, ciągle mieszając. Przed użyciem pozostawić do ostygnięcia.

Bogate duńskie nadzienie kremowe

Daje 750 ml/1¼ punktu/3 filiżanki

4 żółtka

30 ml/2 łyżki cukru kryształu

25 ml/1½ łyżki mąki zwykłej (uniwersalnej)

10 ml/2 łyżeczki mąki ziemniaczanej

450 ml/¾ pt./2 szklanki śmietany zwykłej (jasnej)

Kilka kropli esencji waniliowej (ekstrakt)

150 ml/¼ pt./2/3 szklanki śmietanki śmietankowej (ciężkiej), ubitej

Na patelni wymieszaj żółtka, cukier, mąkę i śmietanę. Ubijaj na średnim ogniu, aż mieszanina zacznie gęstnieć. Dodać esencję waniliową, następnie ostudzić. Dołóż bitą śmietanę.

Krem budyniowy

Na 300 ml/½ pt/1¼ filiżanki

2 jajka, oddzielone

45 ml/3 łyżki mąki kukurydzianej (skrobi kukurydzianej)

300 ml/½ porcji/1¼ szklanki mleka

Kilka kropli esencji waniliowej (ekstrakt)

50 g/2 uncji/¼ szklanki cukru pudru (bardzo drobnego)

Wymieszaj żółtka, mąkę kukurydzianą i mleko w małym rondlu, aż dobrze się wymieszają. Doprowadzić do wrzenia na średnim ogniu, następnie gotować przez 2 minuty, cały czas mieszając. Dodać esencję waniliową i pozostawić do ostygnięcia.

Białka ubijamy na sztywną pianę, następnie dodajemy połowę cukru i ponownie ubijamy, aż piana będzie sztywna. Dodaj resztę cukru. Zmiksuj na kremową masę i schłódź, aż będzie gotowa do użycia.

Nadzienie kremowe imbirowe

Wystarczająco, aby wypełnić ciasto o średnicy 23 cm

100 g miękkiego masła lub margaryny

450 g/1 funt/22/3 szklanki cukru pudru, przesianego

5 ml/1 łyżeczka mielonego imbiru

30ml/2 łyżki mleka

3 uncje/75 g/¼ szklanki melasy z czarnego paska (melasa)

Masło lub margarynę utrzeć z cukrem i imbirem na gładką i kremową masę. Stopniowo dodawaj mleko i melasę, aż masa będzie gładka i łatwa do smarowania. Jeżeli nadzienie jest zbyt rzadkie, dodać odrobinę więcej cukru.

nadzienie cytrynowe

Daje 250 ml/8 uncji/1 filiżankę

100 g/4 uncji/½ szklanki cukru pudru (bardzo drobnego)

30 ml/2 łyżki mąki kukurydzianej (skrobi kukurydzianej)

60 ml/4 łyżki soku z cytryny

15 ml/1 łyżka stołowa startej skórki z cytryny

120 ml/4 uncji/½ szklanki wody

szczypta soli

15 ml/1 łyżka masła lub margaryny

Wszystkie składniki, z wyjątkiem masła i margaryny, wymieszać w małym rondlu na małym ogniu, delikatnie mieszając, aż mieszanina dobrze się połączy. Doprowadzić do wrzenia i gotować przez 1 minutę. Dodać masło lub margarynę i ostudzić. Ostudzić przed użyciem.

polewą czekoladową

Wystarczająca do zamrożenia ciasta o średnicy 25 cm/10 cali.

50 g/2 uncji/½ szklanki naturalnej czekolady (półsłodkiej), posiekanej

50 g/2 uncje/¼ szklanki masła lub margaryny

2,5 ml/½ łyżeczki esencji waniliowej (ekstrakt)

75 ml/5 łyżek wrzącej wody

350 g/12 uncji/2 szklanki przesianego cukru pudru

Zmiksuj wszystkie składniki w blenderze lub robocie kuchennym na gładką masę, w razie potrzeby dociskając składniki do dołu. Użyj natychmiast.

lukier do ciast owocowych

Wystarczająca do zamrożenia ciasta o średnicy 25 cm/10 cali.

75 ml/5 łyżek Golden Syrop (jasna kukurydza)

60 ml/4 łyżki soku ananasowego lub pomarańczowego

Połącz syrop i sok w małym rondlu i zagotuj. Zdjąć z ognia i posmarować mieszanką wierzch i boki schłodzonego ciasta. Pozwól, żeby się uspokoiło. Doprowadź glazurę do wrzenia i posmaruj nią drugą warstwę ciasta.

Lukier do ciasta pomarańczowego i owocowego

Wystarczająca do zamrożenia ciasta o średnicy 25 cm/10 cali.

50 g/2 uncji/¼ szklanki cukru pudru (bardzo drobnego)

30 ml/2 łyżki soku pomarańczowego

10 ml/2 łyżeczki startej skórki pomarańczowej

Połączyć składniki w małym rondlu i doprowadzić do wrzenia, ciągle mieszając. Zdjąć z ognia i posmarować mieszanką wierzch i boki schłodzonego ciasta. Pozwól, żeby się uspokoiło. Doprowadź glazurę do wrzenia i posmaruj nią drugą warstwę ciasta.

Kwadraty bezowe migdałowe

12 temu

225 g ciasta kruchego

60 ml/4 łyżki dżemu malinowego (konfitura)

2 białka jaj

50 g/2 uncji/½ szklanki mielonych migdałów

100 g/4 uncji/½ szklanki cukru pudru (bardzo drobnego)

Kilka kropli esencji migdałowej (ekstrakt)

25 g płatków migdałowych (w plasterkach)

Rozwałkuj ciasto (pastę) i wyłóż nim natłuszczoną formę do bułek szwajcarskich o wymiarach 30 x 20 cm (12 x 8 cali). Posmaruj dżemem. Białka ubić na sztywną pianę, następnie delikatnie dodać zmielone migdały, cukier i esencję migdałową. Posmaruj konfiturą i posyp płatkami migdałów. Piec w piekarniku nagrzanym do 180°C/350°F/stopień gazu 4 przez 45 minut, aż ciasto będzie złociste i chrupiące. Pozostawić do ostygnięcia, a następnie pokroić w kwadraty.

anioł spada

24 temu

50 g miękkiego masła lub margaryny

50 g/2 uncji/¼ szklanki masła (spiekarnia roślinna)

100 g/4 uncji/½ szklanki cukru pudru (bardzo drobnego)

1 małe jajko, ubite

Kilka kropli esencji waniliowej (ekstrakt)

175 g/6 uncji/1½ szklanki mąki samorosnącej

45 ml/3 łyżki płatków owsianych

2 uncje/50 g/¼ szklanki glazurowanych wiśni (kandyzowanych), przekrojonych na połówki

Masło lub margarynę, smalec i cukier utrzeć na jasną i puszystą masę. Dodaj jajko i esencję waniliową, następnie dodaj mąkę i mieszaj, aż uzyskasz zwarte ciasto. Podzielić na małe kulki i wymieszać z płatkami owsianymi. Umieścić w odpowiednich odstępach na natłuszczonej blasze do pieczenia (ciasteczka) i udekorować każdą wiśnią. Piec w piekarniku nagrzanym do 180°C/350°F/stopień gazu 4 przez 20 minut, aż ciasto będzie twarde. Pozostawić do ostygnięcia na blasze.

Płatki migdałowe

12 temu

100 g/4 uncje/½ szklanki masła lub margaryny

225 g/8 uncji/2 szklanki mąki zwykłej (uniwersalnej)

5ml/1 łyżeczka proszku do pieczenia

50 g/2 uncji/¼ szklanki cukru pudru (bardzo drobnego)

1 jajko, oddzielone

75 ml/5 łyżek dżemu malinowego (konfitura)

100 g/4 uncji/2/3 szklanki przesianego cukru pudru

100 g / 4 uncje / 1 szklanka płatków migdałowych (w plasterkach)

Masło lub margarynę utrzeć z mąką i proszkiem do pieczenia, aż masa będzie przypominać bułkę tartą. Dodać cukier, następnie dodać żółtko i zagniatać, aż powstanie zwarte ciasto. Rozwałkować na lekko posypanej mąką powierzchni tak, aby zmieściła się w natłuszczonej szwajcarskiej formie do bułek o wymiarach 12 x 8 cali/30 x 20 cm (forma do bułek z galaretką). Delikatnie wciśnij ciasto w formę i unieś lekko brzegi ciasta, tworząc wałek. Posmaruj dżemem. Białka ubić na sztywną pianę, następnie stopniowo dodawać cukier puder. Nasmaruj dżemem i posyp migdałami. Piec w piekarniku nagrzanym do 160°C/325°F/stopień gazu 3 przez 1 godzinę, aż ciasto będzie złociste i twarde. Pozostawiamy do wystygnięcia w formie na 5 minut, następnie kroimy w palce i wykładamy na kratkę do dokończenia studzenia.

Pieczone tartaletki

24 temu

Na masę:

25 g/1 uncja/2 łyżki masła (spiekarnia roślinna)

25 g/1 uncja/2 łyżki masła lub margaryny

100 g / 4 uncje / 1 szklanka mąki zwykłej (uniwersalnej)

szczypta soli

30ml/2 łyżki wody

45 ml/3 łyżki dżemu malinowego (konfitura)

Do wypełnienia:

50 g miękkiego masła lub margaryny

50 g/2 uncji/¼ szklanki cukru pudru (bardzo drobnego)

1 jajko, lekko ubite

25 g/1 uncja/¼ szklanki mąki samorosnącej

25 g/1 uncja/¼ szklanki mielonych migdałów

Kilka kropli esencji migdałowej (ekstrakt)

Aby przygotować ciasto (pastę), rozetrzyj smalec z masłem lub margaryną z mąką i solą, aż mieszanina będzie przypominać bułkę tartą. Wymieszaj tyle wody, aby powstało miękkie ciasto. Rozwałkuj cienkim wałkiem na lekko posypanej mąką powierzchni, pokrój w koła o średnicy 7,5 cm/3 i wyłóż nimi dwie natłuszczone formy na bułki (tace do burgerów). Napełnij dżemem.

Aby przygotować nadzienie, wymieszaj masło lub margarynę z cukrem, a następnie stopniowo ubijaj jajko. Dodać mąkę, zmielone migdały i esencję migdałową. Powstałą masę wylewamy do tart, zlepiając brzegi z ciastem tak, aby dżem był całkowicie przykryty. Piec w piekarniku nagrzanym do 180°C/350°F/stopień gazu 4 przez 20 minut, aż uzyska złoty kolor.

Czekoladowe Ciasta Motylowe

Na około 12 ciastek.

Do ciast:
100 g miękkiego masła lub margaryny

100 g/4 uncji/½ szklanki cukru pudru (bardzo drobnego)

2 jajka, lekko ubite

100 g / 4 uncje / 1 szklanka mąki samorosnącej

30 ml/2 łyżki proszku kakaowego (niesłodzonej czekolady).

szczypta soli

30 ml/2 łyżki zimnego mleka

Na glazurę (lukier):
50 g miękkiego masła lub margaryny

100 g/4 uncji/2/3 szklanki przesianego cukru pudru

10 ml/2 łyżeczki gorącego mleka

Aby przygotować ciasta, utrzyj masło lub margarynę z cukrem, aż masa będzie jasna i puszysta. Stopniowo dodawaj jajka, na zmianę z mąką, kakao i solą, następnie dodawaj mleko, aż masa będzie gładka. Nałóż łyżką na natłuszczone papierowe ciasteczka (papierowe babeczki) lub foremki na bułeczki (formy do hamburgerów) i piecz w nagrzanym piekarniku w temperaturze 190°F/375°F/gaz gazowy 5 przez 15 do 20 minut, aż będzie dobrze uniesione i elastyczne w dotyku. Ostudzić. Przetnij wierzch ciasta poziomo, a następnie przekrój wierzchołki na pół pionowo, aby utworzyć „skrzydła" motyla.

Aby przygotować lukier, utrzyj masło lub margarynę na gładką masę, następnie dodaj połowę cukru pudru. Ubij mleko, a następnie pozostały cukier. Podzielić masę lukrową pomiędzy ciasta, a następnie docisnąć „skrzydełka" pod kątem do wierzchu ciast.

Ciasta Kokosowe

12 temu

100 g ciasta kruchego

50 g miękkiego masła lub margaryny

50 g/2 uncji/¼ szklanki cukru pudru (bardzo drobnego)

1 ubite jajko

25 g/1 uncja/2 łyżki mąki ryżowej

50 g/2 uncji/½ szklanki suszonego kokosa (tartego)

1,5 ml/¼ łyżeczki proszku do pieczenia

60 ml/4 łyżki kremu czekoladowego

Rozwałkuj ciasto i wyłóż nim sekcje tortownicy. Masło lub margarynę utrzeć z cukrem, następnie dodać jajko i mąkę ryżową. Dodać kokos i proszek do pieczenia. Na spód każdej foremki (skórka ciasta) nałóż małą łyżkę masy czekoladowej. Polać wierzch mieszaniną kokosa i piec w nagrzanym piekarniku w temperaturze 200°C/400°F/stopień gazu 6 przez 15 minut, aż ciasto wyrośnie i będzie złociste.

słodkie muffinki

15 temu

100 g miękkiego masła lub margaryny

225 g/8 uncji/1 szklanka cukru pudru (bardzo drobnego)

2 jajka

5 ml/1 łyżeczka esencji waniliowej (ekstrakt)

175 g/6 uncji/1½ szklanki mąki samorosnącej

5ml/1 łyżeczka proszku do pieczenia

szczypta soli

75ml/5 łyżek mleka

Masło lub margarynę utrzeć z cukrem na jasną i puszystą masę. Stopniowo dodawaj jajka i esencję waniliową, dobrze ubijając po każdym dodaniu. Na zmianę z mlekiem dodawać mąkę, proszek do pieczenia i sól, dobrze ubijając. Wlać mieszaninę do papierowych foremek na babeczki i piec w nagrzanym piekarniku w temperaturze 190°C/375°F/stopień gazu 5 przez 20 minut, aż wykałaczka włożona w środek będzie czysta.

Ciasta kawowe

12 temu

Do ciast:

100 g miękkiego masła lub margaryny

100 g/4 uncji/½ szklanki cukru pudru (bardzo drobnego)

2 jajka, lekko ubite

100 g / 4 uncje / 1 szklanka mąki samorosnącej

10 ml/2 łyżeczki esencji kawowej (ekstraktu)

Na glazurę (lukier):
50 g miękkiego masła lub margaryny

100 g/4 uncji/2/3 szklanki przesianego cukru pudru

Kilka kropli esencji kawowej (ekstrakt)

100 g/4 uncji/1 filiżanka kawałków czekolady

Aby przygotować ciasta, utrzyj masło lub margarynę z cukrem na jasną i puszystą masę. Stopniowo dodajemy jajka, następnie mąkę i esencję kawową. Wlać mieszaninę do papierowych foremek na muffinki umieszczonych w formie do paszteciików i piec w nagrzanym piekarniku w temperaturze 180°C/350°F/gaz, stopień 4, przez 20 minut, aż ciasto będzie dobrze wyrośnięte i elastyczne w dotyku. Ostudzić.

Aby przygotować lukier, utrzyj masło lub margarynę na gładką masę, następnie dodaj cukier puder i esencję kawową. Posmaruj ciasto i udekoruj kawałkami czekolady.

Ciasta Eccles

16 temu

50 g/2 uncje/¼ szklanki masła lub margaryny

50 g/2 uncji/¼ szklanki jasnego brązowego cukru

225 g porzeczek

450 g/1 funt Ciasto francuskie lub ciasto francuskie

Trochę mleka

45 ml/3 łyżki cukru pudru (drobnego)

Rozpuść masło lub margarynę i brązowy cukier na małym ogniu, dobrze mieszając. Zdjąć z ognia i dodać porzeczki. Lekko ostudzić. Rozwałkuj ciasto (makaron) na posypanej mąką powierzchni i pokrój na 16 kółek. Podzielić mieszaninę nadzienia pomiędzy koła, następnie złożyć krawędzie w kierunku środka, szczotkując wodą, aby uszczelnić krawędzie. Obróć ciasta na drugą stronę i lekko zwiń je wałkiem do ciasta, aby je lekko spłaszczyć. Na wierzchu każdego wykonaj trzy nacięcia, posmaruj mlekiem i posyp cukrem. Ułożyć na natłuszczonej blaszce do pieczenia (biszkoptach) i piec w nagrzanym piekarniku w temperaturze 200°C/400°F/stopień gazu 6 przez 20 minut, aż uzyska złoty kolor.

muffinka

około 12 temu

100 g miękkiego masła lub margaryny

100 g/4 uncji/½ szklanki cukru pudru (bardzo drobnego)

2 jajka, lekko ubite

100 g / 4 uncje / 1 szklanka mąki samorosnącej

szczypta soli

30 ml/2 łyżeczki mleka

Kilka kropli esencji waniliowej (ekstrakt)

Masło lub margarynę utrzeć z cukrem, aż masa będzie jasna i puszysta. Stopniowo ubijaj jajka na zmianę z mąką i solą, następnie dodawaj mleko i esencję waniliową, aż masa będzie gładka. Nałóż łyżką na natłuszczone papierowe ciasteczka (papierowe babeczki) lub foremki na bułeczki (formy do burgerów) i piecz w nagrzanym piekarniku w temperaturze 190°C/375°F/gaz, stopień 5, przez 15 do 20 minut, aż ciasto będzie dobrze uniesione i elastyczne w dotyku.

Mrożone Ciasteczka Wróżek z Piór

12 temu

50 g miękkiego masła lub margaryny

50 g/2 uncji/¼ szklanki cukru pudru (bardzo drobnego)

1 jajko

50 g/2 uncji/½ szklanki mąki samorosnącej

100 g/4 uncji/2/3 szklanki cukru pudru

15 ml/1 łyżka ciepłej wody

Kilka kropli barwnika spożywczego

Masło lub margarynę utrzeć z cukrem, aż masa będzie jasna i puszysta. Stopniowo wbijaj jajko, a następnie mąkę. Podzielić mieszaninę pomiędzy 12 papierowych papilotek (papierek do babeczek) umieszczonych w foremkach na bułki (formy do empanad). Piec w piekarniku nagrzanym do 160°C/325°F/stopień gazu 3 przez 15 do 20 minut, aż wyrosną i będą sprężyste w dotyku. Ostudzić.

Wymieszaj cukier puder i ciepłą wodę. Pokoloruj jedną trzecią lukieru (lukieru) wybranym barwnikiem spożywczym. Na ciasto nałóż biały lukier. Wyciśnij kolorowy lukier liniami przez ciasto, a następnie narysuj czubek noża pod kątem prostym do linii, najpierw w jedną, potem w drugą stronę, aby utworzyć falisty wzór. Pozwól odpocząć.

Genueńskie fantazje

12 temu

3 jajka, lekko ubite

75 g/3 uncji/1/3 szklanki cukru pudru (bardzo drobnego)

75 g/3 uncji/¾ szklanki mąki samorosnącej

Kilka kropli esencji waniliowej (ekstrakt)

25 g/1 uncja/2 łyżki masła lub margaryny, roztopionego i ostudzonego

60 ml/4 łyżki dżemu morelowego (konfitury), przesianego (przecedzonego)

60ml/4 łyżki wody

8 uncji/225 g/11/3 szklanki przesianego cukru pudru

Kilka kropli różowego i niebieskiego barwnika spożywczego (opcjonalnie)

dekoracje do ciast

Jajka i cukier puder umieścić w żaroodpornej misce ustawionej nad garnkiem z gotującą się wodą. Ubijaj, aż mieszanina będzie odchodzić od ubijaka paskami. Dodać mąkę i esencję waniliową, następnie dodać masło lub margarynę. Wlać mieszaninę do natłuszczonej formy do bułek szwajcarskich o wymiarach 30 x 20 cm (forma na galaretkę) i piec w nagrzanym piekarniku w temperaturze 190°C/375°F/stopień gazu 5 przez 30 minut. Studzimy, a następnie wycinamy kształty. Podgrzej dżem z 30 ml/2 łyżkami wody i posmaruj nim ciasta.

Do miski przesiej cukier puder. Jeśli chcemy, aby lukier (lukier) miał różne kolory, należy go podzielić na osobne miseczki i na środku każdej zrobić wgłębienie. Stopniowo dodawaj kilka kropli barwnika spożywczego i pozostałą wodę w odpowiedniej ilości, aby wymieszać, aż uzyskasz dość sztywną glazurę. Rozsmarować na ciastach i udekorować według uznania.

migdałowe makaroniki

16 temu

Papier ryżowy

100 g/4 uncji/½ szklanki cukru pudru (bardzo drobnego)

50 g/2 uncji/½ szklanki mielonych migdałów

5 ml/1 łyżeczka mielonego ryżu

Kilka kropli esencji migdałowej (ekstrakt)

1 białko jaja

8 blanszowanych migdałów, przekrojonych na pół

Blachę do pieczenia (ciasteczek) wyłóż papierem ryżowym. Wszystkie składniki oprócz blanszowanych migdałów wymieszać na gęstą pastę i dobrze ubić. Nakładaj łyżką mieszanki na blachę do pieczenia (ciastko) i posyp każdą połówką migdała. Piec w piekarniku nagrzanym do 150°C/325°F/gaz, stopień 3, przez 25 minut. Pozostaw do ostygnięcia na blasze do pieczenia, a następnie pokrój lub rozerwij każdy kawałek, aby oddzielić go od arkusza papieru ryżowego.

Coconut Macaroons

16 temu

2 białka jaj

150 g/5 uncji/2/3 szklanki cukru pudru (drobnego)

150 g / 5 uncji / 1¼ szklanki suszonego kokosa (tartego)

Papier ryżowy

8 wiśni lukrowanych (kandyzowanych), przekrojonych na połówki

Białka ubić na sztywną pianę. Ubijaj cukier, aż mieszanina utworzy sztywną pianę. Dodaj kokos. Połóż papier ryżowy na blasze do pieczenia (ciasteczek) i nałóż na nią łyżki mieszanki. Na każdym ułóż połówkę wiśni. Piec w piekarniku nagrzanym do 160°C/325°F/stopień gazu 3 przez 30 minut, aż ciasto będzie twarde. Pozostaw do ostygnięcia na papierze ryżowym, a następnie pokrój lub rozerwij każdy kawałek, aby oddzielić go od arkusza papieru ryżowego.

makaron limonkowy

12 temu

100 g ciasta kruchego

60 ml/4 łyżki dżemu limonkowego

2 białka jaj

50 g/2 uncji/¼ szklanki cukru pudru (bardzo drobnego)

25 g/1 uncja/¼ szklanki mielonych migdałów

10 ml/2 łyżeczki mielonego ryżu

5 ml/1 łyżeczka wody z kwiatu pomarańczy

Rozwałkuj ciasto i wyłóż nim sekcje tortownicy. Do każdej foremki ciasta (podstawy ciasta) włóż małą łyżkę dżemu. Białka ubić na sztywną pianę. Cukier ubić na sztywną i błyszczącą masę. Dodaj migdały, ryż i wodę z kwiatu pomarańczy. Wlać do foremek, całkowicie zakrywając dżem. Piec w piekarniku nagrzanym do 180°C/350°F/stopień gazu 4 przez 30 minut, aż wyrosną i uzyskają złoty kolor.

makaron owsiany

24 temu

175 g płatków owsianych / 6 uncji / 1½ szklanki

175 g/6 uncji/¾ szklanki cukru muscovado

120 ml/4 uncji/½ szklanki oleju

1 jajko

2,5 ml/½ łyżeczki soli

2,5 ml/½ łyżeczki esencji migdałowej (ekstrakt)

Wymieszaj płatki owsiane, cukier i olej i odstaw na 1 godzinę. Ubij jajko, sól i esencję migdałową. Nałóż łyżki mieszanki na natłuszczoną blachę do pieczenia (ciasteczek) i piecz w nagrzanym piekarniku w temperaturze 160°C/325°F/gaz, stopień 3, przez 20 minut, aż uzyska złoty kolor.

muffinka

9 temu

100 g miękkiego masła lub margaryny

100 g/4 uncji/½ szklanki cukru pudru (bardzo drobnego)

2 jajka, lekko ubite

100 g / 4 uncje / 1 szklanka mąki samorosnącej

175 g dżemu truskawkowego lub malinowego (konfitura)

60ml/4 łyżki wody

50 g/2 uncji/½ szklanki suszonego kokosa (tartego)

5 wiśni lukrowanych (kandyzowanych), przekrojonych na pół

Masło lub margarynę ubić na puszystą masę, następnie ubić cukier na jasną i puszystą masę. Stopniowo ubijaj jajka, a następnie mąkę. Na blachę do pieczenia (ciasteczka) ułóż dziewięć natłuszczonych foremek dariole (budyń zamkowy). Piec w piekarniku nagrzanym do 190°C/375°F/stopień gazu 5 przez 20 minut, aż dobrze wyrośnie i będzie złociste. Pozostawiamy do ostygnięcia w foremkach przez 5 minut, a następnie wyjmujemy na metalową kratkę, aby dokończyć studzenie.

Przytnij górę każdego ciasta, aby utworzyć płaską podstawę. Dżem przesiej (przefiltruj) i w małym rondlu zagotuj z wodą, mieszając, aż składniki dobrze się połączą. Rozłóż wiórki kokosowe na dużym arkuszu papieru do pieczenia (woskowego). Wbij patyczek w spód pierwszego ciasta, posmaruj polewą z dżemu i obtocz w kokosie, aż będzie pokryty. Ułożyć na talerzu do serwowania. Powtórz z pozostałymi ciastami. Na wierzch połóż połówki glazurowanych wiśni.

Ciasta Marcepanowe

około 12 temu

450 g/1 funt/4 szklanki mielonych migdałów

100 g/4 uncji/2/3 szklanki przesianego cukru pudru

100 g/4 uncji/½ szklanki cukru pudru (bardzo drobnego)

30ml/2 łyżki wody

3 białka jaj

Na glazurę (lukier):
100 g/4 uncji/2/3 szklanki przesianego cukru pudru

1 białko jaja

2,5 ml/½ łyżeczki octu

Wszystkie składniki ciasta wymieszać na patelni i delikatnie podgrzewać, mieszając, aż ciasto wchłonie cały płyn. Zdjąć z ognia i ostudzić. Rozwałkować na lekko posypanej mąką powierzchni na grubość 1 cm i pokroić w paski o długości 3 cm. Pokrój na kawałki o długości 5 cm, ułóż na natłuszczonej blasze do pieczenia (ciasteczek) i piecz w nagrzanym piekarniku w temperaturze 150°C/300°F/gaz, stopień 2, przez 20 minut, aż wierzch będzie złocistobrązowy. Ostudzić.

Aby przygotować glazurę, stopniowo ubijaj białko i ocet z cukrem pudrem, aż uzyskasz gładką i gęstą glazurę. Polewą polej ciasta.

muffinka

12 temu

225 g/8 uncji/2 szklanki mąki zwykłej (uniwersalnej)

100 g/4 uncji/½ szklanki cukru pudru (bardzo drobnego)

10 ml/2 łyżeczki proszku do pieczenia

2,5 ml/½ łyżeczki soli

1 jajko, lekko ubite

250 ml/8 uncji/1 szklanka mleka

120 ml/4 uncji/½ szklanki oleju

Wymieszaj mąkę, cukier, drożdże i sól, a na środku zrób dołek. Pozostałe składniki wymieszać i wymieszać z suchymi aż do połączenia. Nie przesadzaj. Przełóż łyżką do foremek na muffiny (papiery) lub natłuszczonych foremek na muffiny (blachy) i piecz w nagrzanym piekarniku w temperaturze 200°C/400°F/gaz, stopień 6, przez 20 minut, aż dobrze wyrosną i będą sprężyste.

Babeczki jabłkowe

12 temu

225 g/8 uncji/2 szklanki mąki zwykłej (uniwersalnej)

100 g/4 uncji/½ szklanki cukru pudru (bardzo drobnego)

10 ml/2 łyżeczki proszku do pieczenia

2,5 ml/½ łyżeczki soli

1 jajko, lekko ubite

250 ml/8 uncji/1 szklanka mleka

120 ml/4 uncji/½ szklanki oleju

2 jabłka do zjedzenia (na deser), obrane, wydrążone i posiekane

Wymieszaj mąkę, cukier, drożdże i sól, a na środku zrób dołek. Pozostałe składniki wymieszać i wymieszać z suchymi aż do połączenia. Nie przesadzaj. Przełóż łyżką do foremek na muffiny (papiery) lub natłuszczonych foremek na muffiny (blachy) i piecz w nagrzanym piekarniku w temperaturze 200°C/400°F/gaz, stopień 6, przez 20 minut, aż dobrze wyrosną i będą sprężyste.

Babeczki bananowe

12 temu

225 g/8 uncji/2 szklanki mąki zwykłej (uniwersalnej)

100 g/4 uncji/½ szklanki cukru pudru (bardzo drobnego)

10 ml/2 łyżeczki proszku do pieczenia

2,5 ml/½ łyżeczki soli

1 jajko, lekko ubite

250 ml/8 uncji/1 szklanka mleka

120 ml/4 uncji/½ szklanki oleju

2 banany, puree

Wymieszaj mąkę, cukier, drożdże i sól, a na środku zrób dołek. Pozostałe składniki wymieszać i wymieszać z suchymi aż do połączenia. Nie przesadzaj. Przełóż łyżką do foremek na muffiny (papiery) lub natłuszczonych foremek na muffiny (blachy) i piecz w nagrzanym piekarniku w temperaturze 200°C/400°F/gaz, stopień 6, przez 20 minut, aż dobrze wyrosną i będą sprężyste.

Muffinki z czarną porzeczką

12 temu

225 g/8 uncji/2 filiżanek mąki samorosnącej

75 g/3 uncji/1/3 szklanki cukru pudru (bardzo drobnego)

2 białka jaj

75 g czarnych porzeczek

200 ml/7 uncji/odtłuszczone 1 szklanka mleka

30 ml/2 łyżki oleju

Wymieszaj mąkę i cukier. Białka lekko ubić, a następnie wymieszać z suchymi składnikami. Dodać czarne porzeczki, mleko i olej. Wlać do natłuszczonych foremek na muffiny i piec w nagrzanym piekarniku w temperaturze 200°C/400°F/gaz, stopień 6, przez 15 do 20 minut, aż uzyska złoty kolor.

Muffinki z jagodami amerykańskimi

12 temu

150 g/5 uncji/1 ¼ szklanki mąki zwykłej (uniwersalnej)

75 g mąki kukurydzianej

75 g/3 uncji/1/3 szklanki cukru pudru (bardzo drobnego)

10 ml/2 łyżeczki proszku do pieczenia

szczypta soli

1 jajko, lekko ubite

75 g roztopionego masła lub margaryny

250 ml/8 uncji/1 szklanka maślanki

100 g jagód

Wymieszaj mąkę, mąkę kukurydzianą, cukier, drożdże i sól, a na środku zrób dołek. Dodać jajko, masło lub margarynę oraz maślankę i wymieszać do połączenia. Dodaj borówki lub jeżyny. Przełożyć łyżką do foremek na muffiny (papierowych) i piec w nagrzanym piekarniku w temperaturze 200°C/400°F/gaz, stopień 6, przez 20 minut, aż ciasto będzie złocistobrązowe i sprężyste w dotyku.

Muffinki Wiśniowe

12 temu

225 g/8 uncji/2 szklanki mąki zwykłej (uniwersalnej)

100 g/4 uncji/½ szklanki cukru pudru (bardzo drobnego)

100 g glazurowanych wiśni (kandyzowanych)

10 ml/2 łyżeczki proszku do pieczenia

2,5 ml/½ łyżeczki soli

1 jajko, lekko ubite

250 ml/8 uncji/1 szklanka mleka

120 ml/4 uncji/½ szklanki oleju

Wymieszaj mąkę, cukier, wiśnie, drożdże i sól, a na środku zrób dołek. Pozostałe składniki wymieszać i wymieszać z suchymi aż do połączenia. Nie przesadzaj. Przełóż łyżką do foremek na muffiny (papiery) lub natłuszczonych foremek na muffiny (blachy) i piecz w nagrzanym piekarniku w temperaturze 200°C/400°F/gaz, stopień 6, przez 20 minut, aż dobrze wyrosną i będą sprężyste.

babeczki czekoladowe

Porcja 10–12

175 g/6 uncji/1 ½ szklanki mąki zwykłej (uniwersalnej)

40 g/1½ uncji/1/3 szklanki kakao (niesłodzonej czekolady) w proszku

100 g/4 uncji/½ szklanki cukru pudru (bardzo drobnego)

10 ml/2 łyżeczki proszku do pieczenia

2,5 ml/½ łyżeczki soli

1 duże jajko

250 ml/8 uncji/1 szklanka mleka

2,5 ml/½ łyżeczki esencji waniliowej (ekstrakt)

120 ml/4 uncji/½ szklanki oleju słonecznikowego lub roślinnego

Wymieszaj suche składniki i zrób wgłębienie na środku. Jajko, mleko, esencję waniliową i olej dobrze wymieszaj. Szybko wymieszaj płyn z suchymi składnikami, aż wszystkie się połączą. Nie przesadzaj; Mieszanka powinna być grudkowata. Przełożyć łyżką do foremek na muffiny (papiery) lub foremek (blachy) i piec w nagrzanym piekarniku w temperaturze 200°C/400°F/gaz, stopień 6, przez około 20 minut, aż dobrze wyrośnie i będzie sprężyste w dotyku.

Muffiny z kawałkami czekolady

12 temu

175 g/6 uncji/1 ½ szklanki mąki zwykłej (uniwersalnej)

100 g/4 uncji/½ szklanki cukru pudru (bardzo drobnego)

45 ml/3 łyżki proszku kakaowego (niesłodzonej czekolady).

100 g/4 uncji/1 filiżanka kawałków czekolady

10 ml/2 łyżeczki proszku do pieczenia

2,5 ml/½ łyżeczki soli

1 jajko, lekko ubite

250 ml/8 uncji/1 szklanka mleka

120 ml/4 uncji/½ szklanki oleju

2,5 ml/½ łyżeczki esencji waniliowej (ekstrakt)

Wymieszać mąkę, cukier, kakao, kawałki czekolady, proszek do pieczenia i sól i zrobić wgłębienie na środku. Pozostałe składniki wymieszać i wymieszać z suchymi aż do połączenia. Nie przesadzaj. Przełóż łyżką do foremek na muffiny (papiery) lub natłuszczonych foremek na muffiny (blachy) i piecz w nagrzanym piekarniku w temperaturze 200°C/400°F/gaz, stopień 6, przez 20 minut, aż dobrze wyrosną i będą sprężyste.

Babeczki Cynamonowe

12 temu

225 g/8 uncji/2 szklanki mąki zwykłej (uniwersalnej)

100 g/4 uncji/½ szklanki cukru pudru (bardzo drobnego)

10 ml/2 łyżeczki proszku do pieczenia

5 ml/1 łyżeczka mielonego cynamonu

2,5 ml/½ łyżeczki soli

1 jajko, lekko ubite

250 ml/8 uncji/1 szklanka mleka

120 ml/4 uncji/½ szklanki oleju

Wymieszać mąkę, cukier, drożdże, cynamon i sól i zrobić wgłębienie na środku. Pozostałe składniki wymieszać i wymieszać z suchymi aż do połączenia. Nie przesadzaj. Przełóż łyżką do foremek na muffiny (papiery) lub natłuszczonych foremek na muffiny (blachy) i piecz w nagrzanym piekarniku w temperaturze 200°C/400°F/gaz, stopień 6, przez 20 minut, aż dobrze wyrosną i będą sprężyste.

Muffinki kukurydziane

12 temu

50 g/2 uncji/½ szklanki mąki zwykłej (uniwersalnej)

100 g/4 uncje/1 szklanka mąki kukurydzianej

5ml/1 łyżeczka proszku do pieczenia

1 jajko, oddzielone

1 żółtko

30 ml/2 łyżki oleju kukurydzianego

30ml/2 łyżki mleka

Wymieszaj mąkę, mąkę kukurydzianą i proszek do pieczenia. Żółtka ubić z olejem i mlekiem, następnie wymieszać z suchymi składnikami. Białka ubić na sztywną pianę, następnie dodać je do masy. Przełóż łyżką do foremek na muffiny (papiery) lub natłuszczonych foremek na muffiny (tacki) i piecz w nagrzanym piekarniku w temperaturze 200°C/400°F/stopień gazu 6 przez około 20 minut, aż uzyska złoty kolor.

Pełnoziarniste muffiny figowe

10 temu

100 g / 4 uncje / 1 szklanka mąki pełnoziarnistej (pełnoziarnistej)

5ml/1 łyżeczka proszku do pieczenia

50 g/2 uncji/½ szklanki płatków owsianych

50 g/2 uncji/1/3 szklanki posiekanych suszonych fig

45 ml/3 łyżki oleju

75ml/5 łyżek mleka

15 ml/1 łyżka melasy z czarnego paska (melasa)

1 jajko, lekko ubite

Wymieszaj mąkę, proszek do pieczenia i płatki owsiane, następnie dodaj figi. Podgrzej olej, mleko i melasę do połączenia, następnie dodaj suche składniki wraz z jajkiem i mieszaj, aż uzyskasz zwarte ciasto. Umieścić łyżką mieszanki w natłuszczonych foremkach do muffinów (papierach) lub foremkach do muffinów (blachach) i piec w nagrzanym piekarniku w temperaturze 190°C/375°F/stopień gazu 5 przez około 20 minut, aż uzyska złoty kolor.

Muffinki z owocami i otrębami

8 temu

100 g/4 uncje/1 filiżanka płatków All Bran

50 g/2 uncji/½ szklanki mąki zwykłej (uniwersalnej)

2,5 ml/½ łyżeczki proszku do pieczenia

5 ml/1 łyżeczka sody oczyszczonej (soda oczyszczona)

5 ml/1 łyżeczka mielonych przypraw (szarlotka)

50 g rodzynek

100 g/4 uncje/1 szklanka musu jabłkowego (sos)

5 ml/1 łyżeczka esencji waniliowej (ekstrakt)

30ml/2 łyżki mleka

Wymieszaj suche składniki i zrób wgłębienie na środku. Dodaj rodzynki, mus jabłkowy i esencję waniliową oraz tyle mleka, aby uzyskać gładką mieszankę. Przełóż łyżką do foremek na muffiny (papiery) lub natłuszczonych foremek na muffiny (tacki) i piecz w nagrzanym piekarniku w temperaturze 200°C/400°F/stopień gazu 6 przez 20 minut, aż dobrze wyrosną i będą złociste.

Muffinki owsiane

20 temu

100 g/4 uncje/1 filiżanka płatków owsianych

100 g/4 uncje/1 szklanka mąki owsianej

225 g/8 uncji/2 filiżanek mąki pełnoziarnistej (pełnoziarnistej)

10 ml/2 łyżeczki proszku do pieczenia

50 g rodzynek (opcjonalnie)

375 ml/13 uncji/1½ szklanki mleka

10 ml/2 łyżeczki oleju

2 białka jaj

Wymieszaj płatki owsiane, mąkę i proszek do pieczenia i dodaj rodzynki, jeśli ich używasz. Dodaj mleko i olej. Białka ubić na sztywną pianę, następnie dodać je do masy. Wlać do natłuszczonych foremek na muffiny (papiery) lub foremek na muffiny (blachy) i piec w nagrzanym piekarniku w temperaturze 190°C/375°F/gaz, stopień 5, przez około 25 minut, aż uzyska złoty kolor.

Muffinki owsiane i owocowe

10 temu

100 g / 4 uncje / 1 szklanka mąki pełnoziarnistej (pełnoziarnistej)

100 g/4 uncje/1 filiżanka płatków owsianych

15ml/1 łyżka proszku do pieczenia

100 g/4 uncji/2/3 szklanki sułtanek (złotych rodzynek)

50 g/2 uncji/½ szklanki posiekanych mieszanych orzechów

1 jabłko do jedzenia (na deser), obrane, wydrążone i starte

45 ml/3 łyżki oleju

30 ml/2 łyżki jasnego miodu

15 ml/1 łyżka melasy z czarnego paska (melasa)

1 jajko, lekko ubite

90 ml/6 łyżek mleka

Wymieszaj mąkę, płatki owsiane i proszek do pieczenia. Dodaj rodzynki, orzechy włoskie i jabłko. Podgrzej olej, miód i melasę do rozpuszczenia, następnie wymieszaj je z masą jajeczną i taką ilością mleka, aby uzyskać gładką konsystencję. Wlać do natłuszczonych foremek na muffiny (papiery) lub foremek na muffiny (blachy) i piec w nagrzanym piekarniku w temperaturze 190°C/375°F/gaz, stopień 5, przez około 25 minut, aż uzyska złoty kolor.

Babeczki Pomarańczowe

12 temu

100 g / 4 uncje / 1 szklanka mąki samorosnącej

100 g miękkiego brązowego cukru

1 jajko, lekko ubite

120 ml/4 uncji/½ szklanki soku pomarańczowego

60 ml/4 łyżki oleju

2,5 ml/½ łyżeczki esencji waniliowej (ekstrakt)

25 g/1 uncja/2 łyżki masła lub margaryny

30 ml/2 łyżki mąki pszennej (uniwersalnej)

2,5 ml/½ łyżeczki mielonego cynamonu

W misce wymieszaj samorosnącą mąkę z połową cukru. Wymieszaj jajko, sok pomarańczowy, olej i ekstrakt waniliowy, następnie dodaj suche składniki, aż się połączą. Nie przesadzaj. Przełóż łyżką do foremek na muffiny (papiery) lub natłuszczonych foremek na muffiny (blachy) i piecz w nagrzanym piekarniku w temperaturze 200°C/400°F/stopień gazu 6 przez 10 minut.

W międzyczasie utrzyj masło lub margarynę, aby pokryć uniwersalną mąką, następnie wymieszaj z pozostałym cukrem i cynamonem. Posyp nim babeczki i włóż je do piekarnika na kolejne 5 minut, aż uzyskają złocisty kolor.

Brzoskwiniowe muffiny

12 temu

225 g/8 uncji/2 szklanki mąki zwykłej (uniwersalnej)

100 g/4 uncji/½ szklanki cukru pudru (bardzo drobnego)

10 ml/2 łyżeczki proszku do pieczenia

2,5 ml/½ łyżeczki soli

1 jajko, lekko ubite

175 ml/6 uncji/¾ szklanki mleka

120 ml/4 uncji/½ szklanki oleju

200 g/7 uncji/1 mała puszka brzoskwiń, odsączonych i posiekanych

Wymieszaj mąkę, cukier, drożdże i sól, a na środku zrób dołek. Pozostałe składniki wymieszać i wymieszać z suchymi aż do połączenia. Nie przesadzaj. Przełóż łyżką do foremek na muffiny (papiery) lub natłuszczonych foremek na muffiny (blachy) i piecz w nagrzanym piekarniku w temperaturze 200°C/400°F/gaz, stopień 6, przez 20 minut, aż dobrze wyrosną i będą sprężyste.

Muffinki z masłem orzechowym

12 temu

225 g/8 uncji/2 szklanki mąki zwykłej (uniwersalnej)

100 g miękkiego brązowego cukru

10 ml/2 łyżeczki proszku do pieczenia

2,5 ml/½ łyżeczki soli

1 jajko, lekko ubite

250 ml/8 uncji/1 szklanka mleka

120 ml/4 uncji/½ szklanki oleju

45 ml/3 łyżki masła orzechowego

Wymieszaj mąkę, cukier, drożdże i sól, a na środku zrób dołek. Pozostałe składniki wymieszać i wymieszać z suchymi aż do połączenia. Nie przesadzaj. Przełóż łyżką do foremek na muffiny (papiery) lub natłuszczonych foremek na muffiny (blachy) i piecz w nagrzanym piekarniku w temperaturze 200°C/400°F/gaz, stopień 6, przez 20 minut, aż dobrze wyrosną i będą sprężyste.

Muffinki Ananasowe

12 temu

225 g/8 uncji/2 szklanki mąki zwykłej (uniwersalnej)

100 g miękkiego brązowego cukru

10 ml/2 łyżeczki proszku do pieczenia

2,5 ml/½ łyżeczki soli

1 jajko, lekko ubite

175 ml/6 uncji/¾ szklanki mleka

120 ml/4 uncji/½ szklanki oleju

200 g/7 uncji/1 mała puszka ananasa, odsączonego i posiekanego

30 ml/2 łyżki cukru demerara

Wymieszaj mąkę, miękki brązowy cukier, proszek do pieczenia i sól, a na środku zrób wgłębienie. Wymieszaj wszystkie pozostałe składniki oprócz cukru demerara i wymieszaj z suchymi składnikami, aż się połączą. Nie przesadzaj. Wlać do foremek na muffiny (papiery) lub natłuszczonych foremek na muffiny (formy) i posypać cukrem demerara. Piec w piekarniku nagrzanym do 200°C/400°F/stopień gazu 6 przez 20 minut, aż dobrze wyrośnie i będzie sprężyste w dotyku.

Muffinki Malinowe

12 temu

225 g/8 uncji/2 szklanki mąki zwykłej (uniwersalnej)

100 g/4 uncji/½ szklanki cukru pudru (bardzo drobnego)

10 ml/2 łyżeczki proszku do pieczenia

2,5 ml/½ łyżeczki soli

200 g malin

1 jajko, lekko ubite

250 ml/8 uncji/1 szklanka mleka

120 ml/4 uncji/½ szklanki oleju roślinnego

Wymieszaj mąkę, cukier, proszek do pieczenia i sól. Dodać maliny i zrobić wgłębienie na środku. Jajko, mleko i olej mieszamy i wlewamy do suchych składników. Delikatnie mieszaj, aż wszystkie suche składniki się połączą, ale mieszanina nadal będzie grudkowata. Nie przesadzaj. Wlać mieszaninę do foremek na muffiny (papiery) lub natłuszczonych foremek na muffiny (tacki) i piec w nagrzanym piekarniku w temperaturze 200°C/400°F/gaz, stopień 6, przez 20 minut, aż dobrze wyrosną i będą sprężyste w dotyku.

Muffinki malinowo-cytrynowe

12 temu

175 g/6 uncji/1 ½ szklanki mąki zwykłej (uniwersalnej)

50 g/2 uncji/¼ szklanki granulowanego cukru

50 g/2 uncji/¼ szklanki jasnego brązowego cukru

10 ml/2 łyżeczki proszku do pieczenia

5 ml/1 łyżeczka mielonego cynamonu

szczypta soli

1 jajko, lekko ubite

100 g roztopionego masła lub margaryny

120 ml/4 uncji/½ szklanki mleka

100 g świeżych malin

10 ml/2 łyżeczki startej skórki z cytryny

Dla pokrycia:
75 g/3 uncji/½ szklanki przesianego cukru pudru

15 ml/1 łyżka soku z cytryny

W misce wymieszaj mąkę, cukier granulowany, cukier brązowy, proszek do pieczenia, cynamon i sól, a na środku zrób dołek. Dodajemy jajko, masło lub margarynę oraz mleko i mieszamy do połączenia składników. Dodaj maliny i skórkę z cytryny. Przełożyć łyżką do foremek na muffiny (papiery) lub natłuszczonych foremek na muffiny (blachy) i piec w nagrzanym piekarniku w temperaturze 180°C/350°F/gaz, stopień 4, przez 20 minut, aż ciasto będzie złociste i sprężyste. Wymieszaj cukier puder i sok z cytryny do posypania i polej gorące muffinki.

Babeczki Sułtańskie

12 temu

225 g/8 uncji/2 szklanki mąki zwykłej (uniwersalnej)

100 g/4 uncji/½ szklanki cukru pudru (bardzo drobnego)

100 g/4 uncji/2/3 szklanki sułtanek (złotych rodzynek)

10 ml/2 łyżeczki proszku do pieczenia

5 ml/1 łyżeczka mielonych przypraw (szarlotka)

2,5 ml/½ łyżeczki soli

1 jajko, lekko ubite

250 ml/8 uncji/1 szklanka mleka

120 ml/4 uncji/½ szklanki oleju

Wymieszaj mąkę, cukier, rodzynki, proszek do pieczenia, mieszankę przypraw i sól, a na środku zrób wgłębienie. Mieszaj pozostałe składniki aż do połączenia. Przełóż łyżką do foremek na muffiny (papiery) lub natłuszczonych foremek na muffiny (blachy) i piecz w nagrzanym piekarniku w temperaturze 200°C/400°F/gaz, stopień 6, przez 20 minut, aż dobrze wyrosną i będą sprężyste.

Muffinki z melasą

12 temu

225 g/8 uncji/2 szklanki mąki zwykłej (uniwersalnej)

100 g miękkiego brązowego cukru

10 ml/2 łyżeczki proszku do pieczenia

2,5 ml/½ łyżeczki soli

1 jajko, lekko ubite

175 ml/6 uncji/¾ szklanki mleka

60 ml/4 łyżki melasy z czarnego paska (melasy)

120 ml/4 uncji/½ szklanki oleju

Wymieszaj mąkę, cukier, drożdże i sól, a na środku zrób dołek. Mieszaj pozostałe składniki aż do połączenia. Nie przesadzaj. Przełóż łyżką do foremek na muffiny (papiery) lub natłuszczonych foremek na muffiny (blachy) i piecz w nagrzanym piekarniku w temperaturze 200°C/400°F/gaz, stopień 6, przez 20 minut, aż dobrze wyrosną i będą sprężyste.

Muffinki z melasą i płatkami owsianymi

10 temu

100 g / 4 uncje / 1 szklanka mąki zwykłej (uniwersalnej)

175 g płatków owsianych / 6 uncji / 1½ szklanki

100 g miękkiego brązowego cukru

15 ml / 1 łyżka proszku do pieczenia

5 ml / 1 łyżeczka mielonego cynamonu

2,5 ml / ½ łyżeczki soli

1 jajko, lekko ubite

120 ml / 4 uncji / ½ szklanki mleka

60 ml / 4 łyżki melasy z czarnego paska (melasy)

75 ml / 5 łyżek oleju

Wymieszać mąkę, płatki owsiane, cukier, drożdże, cynamon i sól i zrobić wgłębienie na środku. Wymieszaj pozostałe składniki, następnie dodaj suche składniki, aż się połączą. Nie przesadzaj. Przełóż łyżką do foremek na muffiny (papiery) lub natłuszczonych foremek na muffiny (blachy) i piecz w nagrzanym piekarniku w temperaturze 200°C/400°F/gaz 6 przez 15 minut, aż dobrze wyrośnie i będzie elastyczne w dotyku.

tosty owsiane

8 temu

225 g/8 uncji/2 filiżanek płatków owsianych

100 g / 4 uncje / 1 szklanka mąki pełnoziarnistej (pełnoziarnistej)

5 ml/1 łyżeczka soli

5ml/1 łyżeczka proszku do pieczenia

50 g/2 uncji/¼ szklanki masła (spiekarnia roślinna)

30 ml/2 łyżki zimnej wody

Wymieszaj suche składniki, następnie wcieraj smalec, aż mieszanina będzie przypominać bułkę tartą. Dodajemy tyle wody, aby powstało zwarte ciasto. Rozwałkować na lekko posypanej mąką powierzchni na okrąg o średnicy 18 cm i pokroić na osiem klinów. Ułożyć na natłuszczonej blaszce do pieczenia (ciasteczka) i piec w nagrzanym piekarniku w temperaturze 180°C/350°F/stopień gazu 4 przez 25 minut. Podawać z masłem, dżemem lub marmoladą.

Tortille z truskawkami

18 temu

5 żółtek

75 g/3 uncji/1/3 szklanki cukru pudru (bardzo drobnego)

szczypta soli

otarta skórka z ½ cytryny

4 białka jaj

40 g/1½ uncji/1/3 szklanki mąki kukurydzianej (skrobi kukurydzianej)

40 g mąki zwykłej (uniwersalnej)

40 g roztopionego masła lub margaryny/3 łyżek stołowych

300 ml/½ szt./1¼ szklanki śmietanki do ubijania

225 g truskawek

Cukier puder, przesiany, do posypania

Żółtka ubić z 25 g/1 uncji/2 łyżek cukru pudru, aż masa będzie jasna i gęsta, następnie dodać sól i skórkę cytrynową. Białka ubijamy na sztywną pianę, następnie dodajemy pozostały cukier puder i dalej ubijamy, aż masa będzie sztywna i błyszcząca. Dodajemy żółtka, następnie mąkę kukurydzianą i mąkę. Dodać roztopione masło lub margarynę. Przenieść mieszaninę do rękawa cukierniczego wyposażonego w płaską dyszę 1 cm/½ (końcówka) i wyciskać okręgi o średnicy 15 cm/6 na natłuszczoną i wyłożoną papierem blachę do pieczenia (ciasteczka). Piec w piekarniku nagrzanym do 220°C/425°F/stopień gazu 7 przez 10 minut, aż ciasto będzie kolorowe, ale nie złote. Ostudzić.

Ubij śmietanę, aż będzie sztywna. Połóż cienką warstwę na połowie każdego koła, na wierzchu ułóż truskawki i zakończ kremem. Złóż górną połowę tortilli na wierzch. Posypać cukrem pudrem i podawać.

Ciasta Miętowe

12 temu

100 g miękkiego masła lub margaryny

100 g/4 uncji/½ szklanki cukru pudru (bardzo drobnego)

2 jajka, lekko ubite

75 g/3 uncji/¾ szklanki mąki samorosnącej

10 ml/2 łyżeczki proszku kakaowego (niesłodzonej czekolady).

szczypta soli

8 uncji/225 g/11/3 szklanki przesianego cukru pudru

30ml/2 łyżki wody

Kilka kropli zielonego barwnika spożywczego.

Kilka kropli esencji miętowej (ekstrakt)

Czekoladowe miętówki przekrojone na połówki do dekoracji

Masło lub margarynę ubić z cukrem na jasną i puszystą masę, następnie stopniowo dodawać jajka. Dodać mąkę, kakao i sól. Wlać do natłuszczonych foremek na bułeczki (formy do burgerów) i piec w nagrzanym piekarniku w temperaturze 200°C/400°F/gaz, stopień 6, przez 10 minut, aż ciasto będzie sprężyste w dotyku. Ostudzić.

Cukier puder przesiej do miski i wymieszaj z 15 ml/1 łyżką wody, następnie dodaj barwnik spożywczy i esencję miętową do smaku. W razie potrzeby dodać więcej wody, aby uzyskać konsystencję pokrywającą grzbiet łyżki. Polewą posmaruj ciasta i udekoruj czekoladowymi miętówkami.

Ciasta Rodzynkowe

12 temu

175 g/6 uncji/1 szklanka rodzynek

250 ml/8 uncji/1 szklanka wody

5 ml/1 łyżeczka sody oczyszczonej (soda oczyszczona)

100 g miękkiego masła lub margaryny

100 g miękkiego brązowego cukru

1 ubite jajko

5 ml/1 łyżeczka esencji waniliowej (ekstrakt)

200 g/7 uncji/1 ¾ szklanki mąki zwykłej (uniwersalnej)

5ml/1 łyżeczka proszku do pieczenia

szczypta soli

W rondlu zagotuj rodzynki, wodę i sodę oczyszczoną, a następnie gotuj na wolnym ogniu przez 3 minuty. Pozostawić do ostygnięcia, aż będzie letnie. Masło lub margarynę utrzeć z cukrem, aż masa będzie jasna i puszysta. Stopniowo dodawaj jajko i esencję waniliową. Dodać mieszankę rodzynkową, następnie wymieszać z mąką, proszkiem do pieczenia i solą. Wlać mieszaninę do foremek na muffiny (papiery) lub natłuszczonych foremek na muffiny (blachy) i piec w nagrzanym piekarniku w temperaturze 180°C/350°F/gaz 4 przez 12 do 15 minut, aż dobrze wyrośnie i będzie złociste.

Rodzynki loki

24 temu

225 g/8 uncji/2 szklanki mąki zwykłej (uniwersalnej)

Szczypta mielonej mieszanki przypraw (szarlotka)

5 ml/1 łyżeczka sody oczyszczonej (soda oczyszczona)

225 g/8 uncji/1 szklanka cukru pudru (bardzo drobnego)

45 ml/3 łyżki zmielonych migdałów

8 uncji/225 g/1 szklanka roztopionego masła lub margaryny

45 ml/3 łyżki rodzynek

1 jajko, lekko ubite

Wymieszaj suche składniki, następnie dodaj roztopione masło lub margarynę, a następnie rodzynki i jajko. Dobrze wymieszaj, aż uzyskasz sztywną pastę. Rozwałkować na lekko posypanej mąką powierzchni na grubość około 5 mm i pokroić w paski o wymiarach 5 mm x 20 cm. Lekko zwilż górną powierzchnię niewielką ilością wody, a następnie zwiń każdy pasek od krótszego końca. Umieścić na natłuszczonej blasze do pieczenia (ciasteczek) i piec w nagrzanym piekarniku w temperaturze 200°C/400°F/gaz, stopień 6, przez 15 minut, aż uzyska złoty kolor.

bułeczki malinowe

Na 12 bułek

225 g/8 uncji/2 szklanki mąki zwykłej (uniwersalnej)

7,5 ml/½ łyżki proszku do pieczenia

2,5 ml/½ łyżeczki mielonych przypraw (szarlotka)

szczypta soli

75 g/3 uncji/1/3 szklanki masła lub margaryny

75 g cukru pudru (bardzo drobnego) plus dodatkowa ilość do posypania

1 jajko

60 ml/4 łyżki mleka

60 ml/4 łyżki dżemu malinowego (konfitura)

Wymieszaj mąkę, proszek do pieczenia, przyprawy i sól, a następnie utrzyj masło lub margarynę, aż mieszanina będzie przypominać bułkę tartą. Dodaj cukier. Wymieszaj jajko i tyle mleka, aby powstało sztywne ciasto. Podzielić na 12 kulek i ułożyć na natłuszczonej blasze do pieczenia. W każdym z nich zrób dziurę palcem i wlej odrobinę dżemu malinowego. Posmarować mlekiem i posypać cukrem pudrem. Piec w piekarniku nagrzanym do 220°C/425°F/stopień gazu 7 przez 10–15 minut na złoty kolor. W razie potrzeby posmaruj jeszcze odrobiną dżemu.

Ciasta z brązowego ryżu i słonecznika

12 temu

75 g / 3 uncje / ¾ szklanki ugotowanego brązowego ryżu

50 g nasion słonecznika

25 g nasion sezamu

40 g rodzynek

1½ uncji/40 g/¼ szklanki glazurowanych wiśni (kandyzowanych), pokrojonych w ćwiartki

25 g/1 uncja/2 łyżki jasnego brązowego cukru

15 ml/1 łyżka jasnego miodu

75 g/3 uncji/1/3 szklanki masła lub margaryny

5 ml/1 łyżeczka soku z cytryny

Wymieszaj ryż, nasiona i owoce. Rozpuść cukier, miód, masło lub margarynę i sok z cytryny i wymieszaj z mieszanką ryżową. Rozłóż łyżką do 12 foremek do babeczek i piecz w nagrzanym piekarniku w temperaturze 200°C/400°F/stopień gazu 6 przez 15 minut.

Ciasto z suszonymi owocami

12 temu

225 g/8 uncji/2 szklanki mąki zwykłej (uniwersalnej)

szczypta soli

10 ml/2 łyżeczki proszku do pieczenia

50 g/2 uncje/¼ szklanki masła lub margaryny

50 g/2 uncji/¼ szklanki masła (spiekarnia roślinna)

100 g mieszanki suszonych owoców (mieszanka ciast owocowych)

100 g/4 uncji/½ szklanki cukru demerara

otarta skórka z ½ cytryny

1 jajko

15–30 ml/1–2 łyżki mleka

Wymieszaj mąkę, sól i proszek do pieczenia, następnie utrzyj masło lub margarynę i smalec, aż mieszanina będzie przypominać bułkę tartą. Dodać owoce, cukier i skórkę z cytryny. Jajko ubić z 15ml/1 łyżką mleka, dodać do suchych składników i zagnieść sztywne ciasto, w razie potrzeby dodając więcej mleka. Ułóż małe kopczyki mieszanki na natłuszczonej blasze do pieczenia (ciasteczek) i piecz w nagrzanym piekarniku w temperaturze 200°C/400°F/gaz, stopień 6, przez 15 do 20 minut, aż uzyska złoty kolor.

Ciasta Rockowe bez Cukru

12 temu

75 g/3 uncji/1/3 szklanki masła lub margaryny

175 g mąki pełnoziarnistej (pełnoziarnistej)

50 g/2 uncji/½ szklanki mąki owsianej

10 ml/2 łyżeczki proszku do pieczenia

5 ml/1 łyżeczka mielonego cynamonu

100 g/4 uncji/2/3 szklanki sułtanek (złotych rodzynek)

otarta skórka z 1 cytryny

1 jajko, lekko ubite

90 ml/6 łyżek mleka

Wcieraj masło lub margarynę w mąkę, proszek do pieczenia i cynamon, aż mieszanina będzie przypominać bułkę tartą. Dodaj rodzynki i skórkę z cytryny. Dodaj jajko i tyle mleka, aby uzyskać gładką masę. Nakładać łyżkami na natłuszczoną blachę do pieczenia (ciasteczka) i piec w nagrzanym piekarniku w temperaturze 200°C/400°F/gaz, stopień 6, przez 15 do 20 minut, aż uzyska złoty kolor.

Ciasta Szafranowe

12 temu

Szczypta mielonego szafranu

75 ml/5 łyżek wrzącej wody

75 ml/5 łyżek zimnej wody

100 g miękkiego masła lub margaryny

225 g/8 uncji/1 szklanka cukru pudru (bardzo drobnego)

2 jajka, lekko ubite

225 g/8 uncji/2 szklanki mąki zwykłej (uniwersalnej)

10 ml/2 łyżeczki proszku do pieczenia

2,5 ml/½ łyżeczki soli

175 g/6 uncji/1 szklanka sułtanek (złotych rodzynek)

175 g/6 uncji/1 filiżanka mieszanej posiekanej skórki (kandyzowanej)

Szafran namoczyć we wrzącej wodzie przez 30 minut, następnie dodać zimną wodę. Masło lub margarynę ubić z cukrem na jasną i puszystą masę, następnie stopniowo dodawać jajka. Wymieszaj mąkę z proszkiem do pieczenia i solą, następnie wymieszaj 50 g/2 uncji/½ szklanki mąki z rodzynkami i wymieszaną skórką. Do ubitej masy wmieszać mąkę na zmianę z wodą szafranową, następnie dodać owoce. Przełóż łyżką do natłuszczonych i posypanych mąką foremek na muffiny (papiery) lub foremek na muffiny (blachy) i piecz w nagrzanym piekarniku w temperaturze 190°C/375°F/gaz, stopień 5, przez około 15 minut, aż ciasto stanie się elastyczne w dotyku.

Rona Babasa

8 temu

100 g/4 uncje/1 szklanka zwykłej, mocnej mąki (chleb)

5 ml/1 łyżeczka suchych drożdży Easy Mix

szczypta soli

45 ml/3 łyżki ciepłego mleka

2 jajka, lekko ubite

50 g roztopionego masła lub margaryny

25 g/1 uncja/3 łyżki porzeczek

Na syrop:
250 ml/8 uncji/1 szklanka wody

75 g/3 uncji/1/3 szklanki granulowanego cukru

20 ml/4 łyżeczki soku z cytryny

60 ml/4 łyżki rumu

Do lukru i dekoracji:
60 ml/4 łyżki dżemu morelowego (konfitury), przesianego (przecedzonego)

15ml/1 łyżka wody

150 ml/¼ pt/2/3 szklanki bitej śmietany lub śmietany (ciężkiej)

4 wiśnie lukrowane (kandyzowane), przekrojone na pół

Niektóre paski arcydzięgla pokrojonego w trójkąty

W misce wymieszaj mąkę, drożdże i sól, a na środku zrób wgłębienie. Wymieszać mleko, jajka i masło lub margarynę, a następnie ubić je z mąką na miękkie ciasto. Dodaj porzeczki. Wlać ciasto do ośmiu pojedynczych, natłuszczonych i posypanych mąką okrągłych foremek (form rurowych), tak aby sięgało tylko jednej trzeciej wysokości foremek. Przykryć naoliwioną folią spożywczą (folią) i odstawić w ciepłe miejsce na 30 minut, aż ciasto wyrośnie na wierzch foremek. Piec w piekarniku nagrzanym do 200°C/400°F/stopień gazu 6 przez 15 minut, aż uzyska złoty kolor. Odwróć foremki do góry dnem i pozostaw do ostygnięcia na 10 minut, następnie wyjmij ciasta z foremek i połóż je na dużym, głębokim talerzu. Całość nakłuj widelcem.

Aby przygotować syrop, podgrzej wodę, cukier i sok z cytryny na małym ogniu, mieszając, aż cukier się rozpuści. Zwiększ ogień i doprowadź do wrzenia. Zdjąć z ognia i dodać rum. Gorącym syropem polej ciasta i odstaw na 40 minut.

Podgrzej dżem z wodą na małym ogniu, aż składniki dobrze się wymieszają. Posmaruj babeczki i ułóż na talerzu. Ubić śmietanę i umieścić ją na środku każdego ciasta. Udekorować wiśniami i dzięgielem.

ciasteczka biszkoptowe

24 temu

5 żółtek

75 g/3 uncji/1/3 szklanki cukru pudru (bardzo drobnego)

7 białek jaj

75 g/3 uncji/¾ szklanki mąki kukurydzianej (skrobi kukurydzianej)

50 g/2 uncji/½ szklanki mąki zwykłej (uniwersalnej)

Żółtka ubić z 15 ml/ 1 łyżką cukru, aż masa będzie jasna i gęsta. Białka ubijamy na sztywną pianę, następnie dodajemy pozostały cukier, aż masa będzie gęsta i błyszcząca. Metalową łyżką wmieszać mąkę kukurydzianą. Za pomocą metalowej łyżki wymieszaj połowę żółtek z białkami, a następnie dodaj pozostałe żółtka. Bardzo delikatnie wmieszać mąkę. Przenieść mieszaninę do rękawa cukierniczego wyposażonego w płaską dyszę 2,5 cm/1 cal (końcówka) i wycisnąć mieszaninę w okrągłe placki w odpowiednich odstępach na natłuszczonej i wyłożonej papierem blasze do pieczenia (ciasteczka). Piec w piekarniku nagrzanym do 200°C/400°F/gaz 6 przez 5 minut, następnie zmniejszyć temperaturę piekarnika do 180°C/350°F/gaz 4 na kolejne 10 minut, aż będzie złocisty i elastyczny w dotyku punkt.

ciasteczka czekoladowe

12 temu

5 żółtek

75 g/3 uncji/1/3 szklanki cukru pudru (bardzo drobnego)

7 białek jaj

75 g/3 uncji/¾ szklanki mąki kukurydzianej (skrobi kukurydzianej)

50 g/2 uncji/½ szklanki mąki zwykłej (uniwersalnej)

60 ml/4 łyżki dżemu morelowego (konfitury), przesianego (przecedzonego)

30ml/2 łyżki wody

1 ilość Gotowana polewa czekoladowa

150 ml/¼ pt./2/3 szklanki śmietanki do ubijania

Żółtka ubić z 15 ml/1 łyżką cukru, aż masa będzie jasna i gęsta. Białka ubijamy na sztywną pianę, następnie dodajemy pozostały cukier, aż masa będzie gęsta i błyszcząca. Metalową łyżką wmieszać mąkę kukurydzianą. Za pomocą metalowej łyżki wymieszaj połowę żółtek z białkami, a następnie dodaj pozostałe żółtka. Bardzo delikatnie wmieszać mąkę. Przenieść mieszaninę do rękawa cukierniczego wyposażonego w płaską dyszę 2,5 cm/1 cal (końcówka) i wycisnąć mieszaninę w okrągłe placki w odpowiednich odstępach na natłuszczonej i wyłożonej papierem blasze do pieczenia (ciasteczka). Piec w piekarniku nagrzanym do 200°C/400°F/gaz 6 przez 5 minut, następnie zmniejszyć temperaturę piekarnika do 180°C/350°F/gaz 4 na kolejne 10 minut, aż będzie złocisty i elastyczny w dotyku punkt. Przełożyć na metalową kratkę.

Zagotuj dżem z wodą, aż zgęstnieje i dobrze się wymiesza, a następnie posmaruj nim wierzch ciastek. Ostudzić. Zanurzaj ciastka w polewie czekoladowej i odstaw do ostygnięcia. Ubijamy śmietanę na sztywną pianę, następnie przekładamy pary ciast razem ze śmietaną.

letnie śnieżki

24 temu

100 g miękkiego masła lub margaryny

100 g/4 uncji/½ szklanki cukru pudru (bardzo drobnego)

5 ml/1 łyżeczka esencji waniliowej (ekstrakt)

2 jajka, lekko ubite

225 g/8 uncji/2 filiżanek mąki samorosnącej

120 ml/4 uncji/½ szklanki mleka

120 ml/4 uncji/½ szklanki śmietanki podwójnej (ciężkiej)

25 g/1 uncji/3 łyżek cukru pudru, przesianego

60 ml/4 łyżki dżemu morelowego (konfitury), przesianego (przecedzonego)

30 ml/2 łyżki wody

150 g / 5 uncji / 1¼ szklanki suszonego kokosa (tartego)

Masło lub margarynę utrzeć z cukrem na jasną i puszystą masę. Stopniowo dodawaj esencję waniliową i jajka, następnie dodawaj mąkę na zmianę z mlekiem. Wlać mieszaninę do natłuszczonych foremek na muffiny (blachy) i piec w nagrzanym piekarniku w temperaturze 180°C/350°F/gaz, stopień 4, przez 15 minut, aż dobrze wyrośnie i będzie sprężyste w dotyku. Przenieść na stojak chłodzący. Z muffinek odkrawamy wierzchołki.

Śmietanę i cukier puder ubić na sztywną pianę, następnie wylać trochę na wierzch każdej muffinki i przykryć pokrywką. Dżem podgrzać z wodą do połączenia, następnie posmarować wierzch muffinek i posypać obficie wiórkami kokosowymi.

krople gąbki

12 temu

3 ubite jajka

100 g/4 uncji/½ szklanki cukru pudru (bardzo drobnego)

2,5 ml/½ łyżeczki esencji waniliowej (ekstrakt)

100 g / 4 uncje / 1 szklanka mąki zwykłej (uniwersalnej)

5ml/1 łyżeczka proszku do pieczenia

100 g/4 uncji/1/3 szklanki dżemu malinowego (konfitura)

150 ml/¼ pt./2/3 szklanki śmietanki śmietankowej (ciężkiej), ubitej

Cukier puder, przesiany, do posypania

Jajka, cukier puder i esencję waniliową umieścić w żaroodpornej misce ustawionej na rondlu z gotującą się wodą i ubijać, aż masa zgęstnieje. Zdejmij miskę z patelni, dodaj mąkę i proszek do pieczenia. Nałóż małe łyżki mieszanki na natłuszczoną blachę do pieczenia (ciasteczek) i piecz w nagrzanym piekarniku w temperaturze 190°C/375°F/stopień gazu 5 przez 10 minut, aż uzyska złoty kolor. Przełożyć na kratkę i ostudzić. Krople wymieszać z dżemem i śmietaną i posypać cukrem pudrem.

Podstawowe Bezy

Porcja 6–8

2 białka jaj

100 g/4 uncji/½ szklanki cukru pudru (bardzo drobnego)

Białka ubić w czystej, odtłuszczonej misce, aż zaczną tworzyć się miękkie szczyty. Dodaj połowę cukru i kontynuuj ubijanie, aż masa utworzy sztywną pianę. Delikatnie wymieszaj pozostałą część cukru metalową łyżką. Blachę do pieczenia (ciasteczek) wyłóż papierem do pieczenia i ułóż na niej od 6 do 8 kopców bezy. Suszyć bezy w najniższej możliwej temperaturze w piekarniku przez 2 do 3 godzin. Studzimy na kratce.

Bezy Migdałowe

12 temu

2 białka jaj

100 g/4 uncji/½ cukru pudru (bardzo drobnego)

100 g/4 uncje/1 filiżanka mielonych migdałów

Kilka kropli esencji migdałowej (ekstrakt)

12 połówek migdałów do dekoracji

Białka ubić na sztywną pianę. Dodaj połowę cukru i kontynuuj ubijanie, aż masa utworzy sztywną pianę. Dodać pozostały cukier, zmielone migdały i esencję migdałową. Wlać mieszaninę do 12 krążków na natłuszczoną i wyłożoną papierem blachę do pieczenia (ciasteczka), a na każdym ułożyć połówkę migdała. Piec w piekarniku nagrzanym do 130°C/250°F/gaz ½ przez 2–3 godziny, aż ciasto będzie chrupiące.

Hiszpańskie Ciasteczka Bezowe Migdałowe

16 temu

225 g/8 uncji/1 szklanka granulowanego cukru

225 g/8 uncji/2 filiżanek mielonych migdałów

1 białko jaja

100 g/4 uncje/1 filiżanka całych migdałów

Cukier, mielone migdały i białko ubić na puszyste ciasto. Uformuj kulę i spłaszcz ciasto wałkiem. Pokrój w małe plasterki i ułóż na natłuszczonej blasze do pieczenia (ciasteczka). W środek każdego ciasteczka wciśnij cały migdał. Piec w piekarniku nagrzanym do 160°C/325°F/gaz, stopień 3, przez 15 minut.

Śliczne koszyczki bezowe

6 temu

4 białka jaj

225–250 g/8–9 uncji/11/3–1½ szklanki przesianego cukru pudru

Kilka kropli esencji waniliowej (ekstrakt)

Białka jaj ubić w czystej, odtłuszczonej, żaroodpornej misce na pianę, następnie stopniowo dodawać cukier puder, a następnie esencję waniliową. Umieść miskę nad rondelkiem z gotującą się wodą i ubijaj, aż beza zachowa swój kształt i pozostawi gruby ślad po podniesieniu trzepaczki. Blaszkę do pieczenia (ciasteczek) wyłóż papierem do pieczenia i narysuj na nim sześć okręgów o średnicy 7,5 cm/3. Używając połowy masy bezowej, wyciśnij warstwę bezy do każdego koła. Resztę ciasta włóż do rękawa cukierniczego i wyciśnij dwie warstwy bezy wokół krawędzi każdego spodu. Suszyć w piekarniku nagrzanym do 150°C/300°F/gaz, stopień 2, przez około 45 minut.

Frytki Migdałowe

10 temu

2 białka jaj

100 g/4 uncji/½ szklanki cukru pudru (bardzo drobnego)

75 g mielonych migdałów

25 g / 1 uncja / 2 łyżki miękkiego masła lub margaryny

50 g przesianego cukru pudru

10 ml/2 łyżeczki proszku kakaowego (niesłodzonej czekolady).

50 g/½ szklanki zwykłej (półsłodkiej) czekolady, roztopionej

Białka ubijaj, aż utworzą sztywną pianę. Stopniowo ubijaj cukier puder. Dodaj zmielone migdały. Używając końcówki do rurowania o średnicy 1 cm/½ cala, wyciśnij mieszaninę kawałkami o długości 5 cm/2 cali na lekko natłuszczoną blachę do pieczenia (ciasteczka). Piec w piekarniku nagrzanym do temperatury 140°C/275°F/stopień gazu 1 przez 1 do 1,5 godziny. Ostudzić.

Masło lub margarynę utrzeć z cukrem pudrem i kakao. Ułóż pary ciasteczek (ciasteczek) razem z nadzieniem. Czekoladę rozpuścić w żaroodpornej misce ustawionej nad garnkiem z gotującą się wodą. Końcówki bezy zanurzamy w czekoladzie i studzimy na kratce.

Bezy Hiszpańskie Migdałowo-Cytrynowe

30 temu

150 g blanszowanych migdałów

2 białka jaj

otarta skórka z ½ cytryny

200 g/7 uncji/rzadkie 1 szklanka cukru pudru (drobnego)

10 ml/2 łyżeczki soku z cytryny

Prażymy migdały w piekarniku nagrzanym do 150°C/300°F/stopień gazu 2 przez około 30 minut, aż będą złociste i pachnące. Grubo posiekaj jedną trzecią orzechów włoskich, a resztę drobno zmiel.

Białka ubić na sztywną pianę. Dodaj skórkę z cytryny i dwie trzecie cukru. Dodaj sok z cytryny i ubijaj, aż masa będzie sztywna i błyszcząca. Dodać pozostały cukier i zmielone migdały. Dodaj posiekane migdały. Nakładaj łyżką bezy na natłuszczoną, wyłożoną folią blachę do pieczenia (ciasteczka) i włóż do nagrzanego piekarnika. Natychmiast zmniejsz temperaturę piekarnika do 110°C/225°F/gaz gazowy ¼ i piecz przez około 1,5 godziny, aż ciasto będzie suche.

Bezy w czekoladzie

4 temu

2 białka jaj

100 g/4 uncji/½ szklanki cukru pudru (bardzo drobnego)

100 g/4 uncje/1 filiżanka naturalnej czekolady (półsłodkiej)

150 ml/¼ pt./2/3 szklanki śmietanki śmietankowej (ciężkiej), ubitej

Białka ubić w czystej, odtłuszczonej misce, aż zaczną tworzyć się miękkie szczyty. Dodaj połowę cukru i kontynuuj ubijanie, aż masa utworzy sztywną pianę. Delikatnie wymieszaj pozostałą część cukru metalową łyżką. Blaszkę do pieczenia (ciasteczek) wyłóż papierem do pieczenia i ułóż na niej osiem kopców bezy. Suszyć bezy w najniższej możliwej temperaturze w piekarniku przez 2 do 3 godzin. Studzimy na kratce.

Rozpuść czekoladę w żaroodpornej misce ustawionej nad garnkiem z gotującą się wodą. Lekko ostudzić. Ostrożnie zanurzaj cztery bezy w czekoladzie, tak aby ich wierzch był pokryty. Pozostawiamy na papierze do pieczenia, aż zastygnie. Połóż bezę w czekoladzie i zwykłą bezę razem ze śmietaną, a następnie powtórz tę czynność z pozostałymi bezami.

Bezy czekoladowo-miętowe

18 temu

3 białka jaj

100 g/4 uncji/½ szklanki cukru pudru (bardzo drobnego)

75 g/¾ szklanki posiekanych miętówek w czekoladzie

Białka ubić na sztywną pianę. Stopniowo dodawaj cukier, aż białka będą sztywne i błyszczące. Dodaj posiekane mięty. Nałóż małymi łyżkami mieszanki na natłuszczoną i wyłożoną papierem blachę do pieczenia (ciasteczka) i piecz w nagrzanym piekarniku w temperaturze 140°C/275°F/gaz, stopień 1, przez 1,5 godziny, aż do wyschnięcia.

Bezy z kawałkami czekolady i orzechami włoskimi

12 temu

2 białka jaj

175 g/6 uncji/¾ szklanki cukru pudru (drobnego)

50 g/2 uncji/½ szklanki kawałków czekolady

25 g drobno posiekanych orzechów włoskich

Rozgrzej piekarnik do 190°C/375°F/gaz gazowy 5. Ubijaj białka, aż utworzą się miękkie szczyty. Stopniowo dodawaj cukier i ubijaj, aż mieszanina utworzy sztywną pianę. Wymieszaj kawałki czekolady i orzechy włoskie. Nałóż łyżką mieszaninę na natłuszczoną blachę do pieczenia (ciasteczka) i włóż do piekarnika. Wyłącz piekarnik i pozostaw aż ostygnie.

Bezy Orzechowe

12 temu

100 g/4 uncje/1 szklanka orzechów laskowych

2 białka jaj

100 g/4 uncji/½ szklanki cukru pudru (bardzo drobnego)

Kilka kropli esencji waniliowej (ekstrakt)

Zarezerwuj 12 orzechów włoskich do dekoracji, a resztę zmiażdż. Białka ubić na sztywną pianę. Dodaj połowę cukru i kontynuuj ubijanie, aż masa utworzy sztywną pianę. Dodać pozostały cukier, zmielone orzechy laskowe i esencję waniliową. Wlać mieszaninę do 12 krążków na natłuszczoną i wyłożoną papierem blachę do pieczenia (ciastko), a na każdym położyć zarezerwowany orzech włoski. Piec w piekarniku nagrzanym do 130°C/250°F/gaz ½ przez 2–3 godziny, aż ciasto będzie chrupiące.

Warstwowe ciasto bezowe z orzechami włoskimi

Na ciasto o średnicy 23 cm

Na ciasto:

50 g miękkiego masła lub margaryny

150 g/5 uncji/2/3 szklanki cukru pudru (drobnego)

4 jajka, oddzielone

100 g / 4 uncje / 1 szklanka mąki zwykłej (uniwersalnej)

10 ml/2 łyżeczki proszku do pieczenia

szczypta soli

60 ml/4 łyżki mleka

5 ml/1 łyżeczka esencji waniliowej (ekstrakt)

50 g/2 uncji/½ szklanki orzechów pekan, drobno posiekanych

Na krem do ciasta:

250 ml/8 uncji/1 szklanka mleka

50 g/2 uncji/¼ szklanki cukru pudru (bardzo drobnego)

50 g/2 uncji/½ szklanki mąki zwykłej (uniwersalnej)

1 jajko

szczypta soli

120 ml/4 uncji/½ szklanki śmietanki podwójnej (ciężkiej)

Aby przygotować ciasto, utrzyj masło lub margarynę ze 100 g/4 uncji/½ szklanki cukru, aż masa będzie jasna i puszysta. Stopniowo dodawaj żółtka, następnie mąkę, proszek do pieczenia i sól na zmianę z mlekiem i esencją waniliową. Podzielić do dwóch natłuszczonych i wyłożonych papierem foremek o wymiarach 9/23 cm i wyrównać powierzchnię. Białka ubijamy na sztywną pianę, następnie dodajemy pozostały cukier i ponownie ubijamy, aż masa będzie sztywna i błyszcząca. Rozsmaruj masę na ciasteczku i posyp orzechami włoskimi. Piec w piekarniku nagrzanym do 150°C/300°F/stopień gazu 3 przez 45 minut, aż beza będzie sucha. Przenieść na stojak chłodzący.

Aby przygotować krem do ciasta, wymieszaj trochę mleka z cukrem i mąką. Pozostałe mleko zagotuj w rondlu, wlej mieszaninę cukru i wymieszaj, aż składniki się połączą. Mleko wlać z powrotem do opłukanego rondla i doprowadzić do wrzenia, ciągle mieszając, następnie gotować na wolnym ogniu, mieszając, aż zgęstnieje. Zdjąć z ognia, ubić z jajkiem i solą, lekko ostudzić. Śmietankę ubijamy na sztywną masę, następnie dodajemy ją do masy. Ostudzić. Przełożyć ciasta razem z kremem.

Plasterki makaronika z orzechami laskowymi

20 temu

175 g/6 uncji/1½ szklanki obranych orzechów laskowych

3 białka jaj

225 g/8 uncji/1 szklanka cukru pudru (bardzo drobnego)

5 ml/1 łyżeczka esencji waniliowej (ekstrakt)

5 ml/1 łyżeczka mielonego cynamonu

5 ml/1 łyżeczka otartej skórki z cytryny

Papier ryżowy

Posiekaj około 12 orzechów laskowych, a resztę zmiel na drobno. Białka ubić na jasną i puszystą pianę. Stopniowo dodawaj cukier i kontynuuj ubijanie, aż masa utworzy sztywną pianę. Dodać orzechy laskowe, esencję waniliową, cynamon i skórkę z cytryny. Nakładać czubatymi łyżeczkami na blachę do pieczenia wyłożoną papierem ryżowym (ciasteczka), a następnie spłaszczyć w cienkie paski. Odstaw na 1 godzinę. Piec w piekarniku nagrzanym do 180°C/350°F/stopień gazu 4 przez 12 minut, aż ciasto będzie twarde w dotyku.

Warstwa bezowo-orzechowa

Na ciasto o średnicy 25 cm/10 cali

100 g miękkiego masła lub margaryny

400 g/14 uncji/1 ¾ szklanki cukru pudru (drobnego)

3 żółtka

100 g / 4 uncje / 1 szklanka mąki zwykłej (uniwersalnej)

10 ml/2 łyżeczki proszku do pieczenia

120 ml/4 uncji/½ szklanki mleka

100 g/4 uncje/1 szklanka orzechów włoskich

4 białka jaj

250 ml / 8 uncji / 1 filiżanka śmietanki podwójnej (ciężka)

5 ml/1 łyżeczka esencji waniliowej (ekstrakt)

Proszek kakaowy (niesłodzona czekolada) do posypania

Utrzyj masło lub margarynę i 75 g/3 uncji/¾ szklanki cukru, aż masa będzie jasna i puszysta. Stopniowo dodawaj żółtka, następnie mąkę z proszkiem do pieczenia na przemian z mlekiem. Podzielić ciasto na dwie natłuszczone i posypane mąką formy (formy o średnicy 25 cm). Zachowaj kilka połówek orzechów włoskich do dekoracji, resztę drobno posiekaj i posyp ciasto. Białka ubijamy na sztywną pianę, następnie dodajemy pozostały cukier i ponownie ubijamy, aż masa będzie gęsta i błyszcząca. Posmaruj wierzch ciast i piecz w piekarniku nagrzanym do 180°C/350°F/gaz 4 przez 25 minut, przykrywając ciasto papierem do pieczenia (woskowanym) pod koniec pieczenia, jeśli beza zacznie się rumienić. zbyt wiele. Pozostawiamy do ostygnięcia w foremkach, następnie wyjmujemy ciasteczka z bezą na wierzchu.

Śmietankę i esencję waniliową ubić na sztywną masę. Połącz ciastka stroną bezową do góry, połóż połowę kremu i posmaruj resztą kremu. Udekorować zarezerwowanymi orzechami i posypać przesianym kakao.

góry bezowe

6 temu

2 białka jaj

100 g/4 uncji/½ szklanki cukru pudru (bardzo drobnego)

150 ml/¼ pt/2/3 szklanki śmietanki podwójnej (ciężkiej)

350g/12oz pokrojonych truskawek

25 g startej naturalnej czekolady (półsłodkiej)

Białka ubić na sztywną pianę. Dodaj połowę cukru i ubijaj, aż masa będzie gęsta i błyszcząca. Dodaj pozostały cukier. Wylej sześć krążków bezowych na papier do pieczenia umieszczony na blasze do pieczenia (ciasteczek). Piec w piekarniku nagrzanym do 140°C/275°F/stopień gazu 1 przez 45 minut, aż ciasto będzie złociste i chrupiące. Wnętrze pozostanie dość miękkie. Wyjąć z blachy i ostudzić na kratce.

Ubij śmietanę, aż będzie sztywna. Na krążki bezowe wylać lub polać połową kremu, posypać owocami i udekorować pozostałą częścią kremu. Posypujemy wierzch startą czekoladą.

Bezy Krem Malinowy

Dla 6

2 białka jaj

100 g/4 uncji/½ szklanki cukru pudru (bardzo drobnego)

150 ml/¼ pt/2/3 szklanki śmietanki podwójnej (ciężkiej)

30 ml/2 łyżki cukru pudru

225 g malin

Białka ubić w czystej, odtłuszczonej misce, aż zaczną tworzyć się miękkie szczyty. Dodaj połowę cukru i kontynuuj ubijanie, aż masa utworzy sztywną pianę. Delikatnie wymieszaj pozostałą część cukru metalową łyżką. Blachę do pieczenia (ciasteczek) wyłóż papierem do pieczenia i wyciskaj na nią małe kółeczka bezy. Suszyć bezy w najniższej możliwej temperaturze w piekarniku przez 2 godziny. Studzimy na kratce.

Śmietanę ubić z cukrem pudrem na sztywną masę, następnie dodać maliny. Użyj go do ułożenia par bezów i ułóż je na talerzu.

Ciasta Ratafii

16 temu

3 białka jaj

100 g/4 uncje/1 filiżanka mielonych migdałów

225 g/8 uncji/1 szklanka cukru pudru (bardzo drobnego)

Białka ubić na sztywną pianę. Dodać migdały i połowę cukru i ponownie ubić na sztywną masę. Dodaj pozostały cukier. Umieść małe kółka na natłuszczonej i wyłożonej papierem blasze do pieczenia (ciasteczek) i piecz w nagrzanym piekarniku w temperaturze 150°C/300°F/gaz, stopień 2, przez 50 minut, aż będą suche i chrupiące na brzegach.

cukierki Vacherin

Na ciasto o średnicy 23 cm

4 białka jaj

225 g/8 uncji/1 filiżanka miękkiego brązowego cukru

50 g/2 uncji/½ szklanki posiekanych orzechów laskowych

300 ml/½ porcji/1¼ filiżanki śmietanki kremowej (ciężkiej)

Kilka całych orzechów laskowych do dekoracji

Białka ubijaj, aż piana będzie miękka. Stopniowo ubijaj cukier, aż będzie twardy i błyszczący. Wlej bezę do rękawa cukierniczego wyposażonego w płaską końcówkę o średnicy 1 cm i umieść dwie spirale bezowe o średnicy 23 cm na natłuszczonej i wyłożonej papierem blaszce. Posypać 15 ml/1 łyżką posiekanych orzechów włoskich i piec w nagrzanym piekarniku w temperaturze 120°C/250°F/gaz ½ przez 2 godziny, aż ciasto będzie chrupiące. Przenieść na stojak chłodzący.

Śmietanę ubić na sztywną pianę, następnie dodać pozostałe orzechy włoskie. Większą częścią kremu przyklej krążki bezy, następnie udekoruj pozostałym kremem i posyp całymi orzechami laskowymi.

proste bułeczki

10 temu

225 g/8 uncji/2 szklanki mąki zwykłej (uniwersalnej)

szczypta soli

2,5 ml/½ łyżeczki sody oczyszczonej (soda oczyszczona)

5 ml/1 łyżeczka kremu z kamienia nazębnego

50 g masła lub margaryny pokrojonej w kostkę

30ml/2 łyżki mleka

30ml/2 łyżki wody

Wymieszaj mąkę, sól, sodę oczyszczoną i krem z kamienia nazębnego. Posmaruj masłem lub margaryną. Powoli dodawaj mleko i wodę, aż uzyskasz gładkie ciasto. Szybko zagniataj na posypanej mąką powierzchni, aż będzie gładkie, następnie rozwałkuj na grubość 1 cm/½ i za pomocą foremki do ciastek pokrój koła o średnicy 5 cm/2. Umieść scones (ciasteczka) na natłuszczonej blasze do pieczenia (biszkopty) i piecz w nagrzanym piekarniku w temperaturze 230°C/450°F/stopień gazu 8 przez około 10 minut, aż dobrze wyrosną i złocistobrązowe.

Pyszne bułeczki jajeczne

12 temu

50 g/2 uncje/¼ szklanki masła lub margaryny

225 g/8 uncji/2 filiżanek mąki samorosnącej

10 ml/2 łyżeczki proszku do pieczenia

25 g/1 uncja/2 łyżki cukru pudru (drobnego)

1 jajko, lekko ubite

100 ml/3½ uncji/6½ łyżek stołowych mleka

Masło lub margarynę utrzeć z mąką i proszkiem do pieczenia. Dodaj cukier. Wymieszaj jajko i mleko, aż uzyskasz gładkie ciasto. Lekko zagniatamy na posypanej mąką powierzchni, następnie rozwałkowujemy na grubość około 1 cm/½ i wycinamy kółka o średnicy 5 cm/2 za pomocą foremki do ciastek. Ponownie zawiń ozdoby i pokrój. Umieść bułeczki na natłuszczonej blasze do pieczenia i piecz w nagrzanym piekarniku w temperaturze 230°C/450°F/stopień gazu 8 przez 10 minut lub do złotego koloru.

bułeczki z jabłkami

12 temu

225 g/8 uncji/2 filiżanek mąki pełnoziarnistej (pełnoziarnistej)

20 ml/1½ łyżki proszku do pieczenia

szczypta soli

50 g/2 uncje/¼ szklanki masła lub margaryny

30 ml/2 łyżki startego jabłka do gotowania (ciasto)

1 ubite jajko

150 ml/¼ pt./2/3 szklanki mleka

Wymieszaj mąkę, proszek do pieczenia i sól. Rozetrzyj masło lub margarynę, następnie dodaj jabłko. Stopniowo dodawaj tyle jajek i mleka, aby powstało miękkie ciasto. Rozwałkować na lekko posypanej mąką powierzchni na grubość około 5 cm/2 i wycinać kółka za pomocą foremki do ciastek. Ułóż scones na natłuszczonej blaszce i posmaruj pozostałym jajkiem. Piec w piekarniku nagrzanym do 200°C/400°F/stopień gazu 6 przez 12 minut, aż ciasto będzie lekko złociste.

Scones z jabłkami i kokosem

12 temu

50 g/2 uncje/¼ szklanki masła lub margaryny

225 g/8 uncji/2 filiżanek mąki samorosnącej

25 g/1 uncja/2 łyżki cukru pudru (drobnego)

30 ml/2 łyżki wiórków kokosowych (tartych)

1 jabłko do jedzenia (na deser), obrane, wydrążone i posiekane

150 ml/¼ pt/2/3 szklanki jogurtu naturalnego

30ml/2 łyżki mleka

Do mąki wcieramy masło lub margarynę. Dodać cukier, kokos i jabłko, następnie wymieszać z jogurtem i wyrobić miękkie ciasto, w razie potrzeby dodając trochę mleka. Rozwałkować na lekko posypanej mąką powierzchni na grubość około 2,5 cm i pokroić za pomocą foremki do ciastek. Umieść bułeczki (ciasteczka) na natłuszczonej blasze do pieczenia (ciasteczka) i piecz w nagrzanym piekarniku w temperaturze 220°C/425°F/gaz, stopień 7, przez 10 do 15 minut, aż dobrze wyrosną i staną się złotobrązowe.

Scones z jabłkami i daktylami

12 temu

50 g/2 uncje/¼ szklanki masła lub margaryny

225 g/8 uncji/2 szklanki mąki zwykłej (uniwersalnej)

5ml/1 łyżeczka mieszanki przypraw (szarlotka)

5 ml/1 łyżeczka kremu z kamienia nazębnego

2,5 ml/½ łyżeczki sody oczyszczonej (soda oczyszczona)

25 g/1 uncja/2 łyżki jasnego brązowego cukru

1 małe jabłko do gotowania (kwaśne), obrane, wydrążone i posiekane

50 g daktyli bez pestek, posiekanych

45ml/3 łyżki mleka

Masło lub margarynę wcieramy z mąką, mieszanką przypraw, kremem z kamienia nazębnego i sodą oczyszczoną. Dodaj cukier, jabłko i daktyle, następnie dodaj mleko i mieszaj, aż uzyskasz gładkie ciasto. Lekko zagnieść, następnie rozwałkować na posypanym mąką blacie na grubość 2,5 cm i pokroić foremką do ciastek. Umieść bułeczki na natłuszczonej blasze do pieczenia i piecz w nagrzanym piekarniku w temperaturze 220°C/425°F/gaz, stopień 7, przez 12 minut, aż wyrosną i uzyskają złoty kolor.

bułeczki jęczmienne

12 temu

175 g/6 uncji/1½ szklanki mąki jęczmiennej

50 g/2 uncji/½ szklanki mąki zwykłej (uniwersalnej)

szczypta soli

2,5 ml/½ łyżeczki sody oczyszczonej (soda oczyszczona)

2,5 ml/½ łyżeczki kremu z kamienia nazębnego

25 g/1 uncja/2 łyżki masła lub margaryny

25 g/1 uncja/2 łyżki jasnego brązowego cukru

100 ml/3½ uncji/6½ łyżek stołowych mleka

Żółtko do posmarowania

Wymieszaj mąkę, sól, sodę oczyszczoną i krem z kamienia nazębnego. Utrzyj masło lub margarynę, aż mieszanina będzie przypominać bułkę tartą, następnie dodaj cukier i tyle mleka, aby uzyskać miękkie ciasto. Rozwałkować na lekko posypanym mąką blacie na grubość 2 cm/¾ i foremką wykrawać koła. Ułóż scones na natłuszczonej blaszce i posmaruj żółtkiem. Piec w piekarniku nagrzanym do 220°C/425°F/stopień gazu 7 przez 10 minut, aż uzyska złoty kolor.

bułeczki daktylowe

12 temu

225 g/8 uncji/2 filiżanek mąki pełnoziarnistej (pełnoziarnistej)

2,5 ml/½ łyżeczki sody oczyszczonej (soda oczyszczona)

2,5 ml/½ łyżeczki kremu z kamienia nazębnego

2,5 ml/½ łyżeczki soli

40 g/1½ uncji/3 łyżek masła lub margaryny

15 ml/1 łyżka cukru pudru (drobnego)

100 g daktyli bez pestek (bez pestek), posiekanych

Około 100 ml/3½ uncji/6½ łyżek maślanki

Wymieszaj mąkę, sodę oczyszczoną, krem z kamienia nazębnego i sól. Utrzeć masło lub margarynę, dodać cukier i daktyle, pośrodku zrobić dołek. Stopniowo dodawaj wystarczającą ilość maślanki, aby uzyskać średnio miękkie ciasto. Rozwałkować na grubość i pokroić w trójkąty. Umieść bułeczki na natłuszczonej blasze do pieczenia i piecz w nagrzanym piekarniku w temperaturze 230°C/450°F/stopień gazu 8 przez 20 minut, aż uzyskają złoty kolor.

bułeczki ziołowe

8 temu

175 g/6 uncji/¾ szklanki masła lub margaryny

225 g/8 uncji/2 filiżanek zwykłej mocnej mąki (chleb)

15 ml/1 łyżeczka proszku do pieczenia

szczypta soli

5 ml/1 łyżeczka miękkiego brązowego cukru

30 ml/2 łyżki suszonych ziół mieszanych

60 ml/4 łyżki mleka lub wody

mleko do posmarowania

Utrzyj masło lub margarynę z mąką, proszkiem do pieczenia i solą, aż mieszanina będzie przypominać bułkę tartą. Dodaj cukier i zioła. Dodajemy tyle mleka lub wody, aby powstało miękkie ciasto. Rozwałkować na lekko posypanej mąką powierzchni na grubość około 2 cm/¾ i pokroić za pomocą foremki do ciastek. Ułóż scones na natłuszczonej blasze i posmaruj mlekiem. Piec w piekarniku nagrzanym do 200°C/400°F/stopień gazu 6 przez 10 minut, aż ciasto dobrze wyrośnie i będzie złocistobrązowe.

www.ingramcontent.com/pod-product-compliance
Lightning Source LLC
Chambersburg PA
CBHW071329110526
44591CB00010B/1082